R&D 活动对中山市经济发展的贡献研究

邹正方等　编著

知识产权出版社

全国百佳图书出版单位

内容提要

本书首先分析了中山市的经济发展与 R&D 活动趋势，总结了政府在科技创新中的引导、管理和支持作用，随后基于内生经济增长理论，构建了国际上通用的经济增长计量模型，测算了 R&D 投入对中山市经济增长的贡献，并利用灰色关联度算法对 R&D 投入与产业结构优化升级的关系进行了实证研究。可作为相关学术研究的参考用书，具有一定的社会意义和市场价值。

责任编辑：王辉　　　　　　　　　　**责任出版：刘译文**

图书在版编目(CIP)数据

R&D 活动对中山市经济发展的贡献研究/邹正方等编著. —北京：知识产权出版社,2013.5

ISBN 978 – 7 – 5130 – 2010 – 7

Ⅰ.①R… Ⅱ.①邹… Ⅲ.①区域经济发展—研究—中山市 Ⅳ.①F127.653

中国版本图书馆 CIP 数据核字(2013)第 072583 号

R&D 活动对中山市经济发展的贡献研究
R&D HUODONG DUI ZHONGSHANSHI JINGJI FAZHAN DE GONGXIAN YANJIU

邹正方等　编著

出版发行：知识产权出版社

社　　址：北京市海淀区马甸南村 1 号	邮　　编：100088
网　　址：http://www.ipph.cn	责编传真：010 – 82000860 转 8353
发行电话：010 – 82000893 82000860 转 8101	传　　真：010 – 82000893
责编电话：010 – 82000860 – 8381	责编邮箱：wanghui@cnipr.com
印　　刷：知识产权出版社电子制印中心	经　　销：新华书店及相关销售网点
开　　本：880 mm × 1230 mm 1/32	印　　张：5
版　　次：2013 年 9 月第 1 版	印　　次：2013 年 9 月第 1 次印刷
字　　数：100 千字	定　　价：22.00 元

ISBN 978 –7 – 5130 –2010 –7

前　　言

　　研究与试验发展(R&D)是衡量一个国家或地区的科技实力和对科技的重视程度的重要指标。为了促进经济的持续、健康发展，各国(地区)纷纷加大对 R&D 活动的投入。

　　R&D 作为技术创新的重要环节,对于知识经济形态的演变、宏观经济的发展作用颇为显著,应给予相当程度的关注。R&D 活动可以看做如下的生产过程:知识与技术＋研究工作者＋设备与材料→新的知识与技术＋试制产品,因此 R&D 活动就是一种专业化的投入,可归结为厂商有意识地旨在获取垄断利益的活动,非竞争性与排他性决定了生产的规模收益递增,从事 R&D 的厂商也将获得激励。美国管理学大师彼得·德鲁克认为:"在现代经济中,知识成为真正的资本与首要的财富"。中山市作为"广东经济四小虎"之一,绝不能置身于知识经济的冲击之外,如何利用知识这一生产要素来促进经济增长显得更为关键。

　　美国经济学家丹尼森认为,经济增长往往可以通过两种途径来实现:增加生产要素的投入数量和提高投入转化为产出的效率。具体而言,影响经济增长的因素包括劳动、资本存量的规模、市场对资源配置状况和技术进步等。资源是稀缺的,投入的增加不可能是无限的,要想获得可持续的增长只能依靠生产力水平的不断提高。R&D 活动既可以增加要素投入量,又极大程度地提高了生产力水平,使产业结构得以优化升级,R&D 无疑是经济发展的一个重要源泉。

世界经济论坛把各个国家及地区分为三个发展阶段:第一个阶段为"要素驱动"的国家及地区,主要体现在价格优势,生产一些廉价的基本产品;第二个阶段为"效率驱动"的国家及地区,开始采用更高效的生产流程,产品质量有所提高;第三个阶段为"创新驱动"的国家及地区,通过科技进步和自主创新,不断推出新产品和特色产品,保持较高工资和标准。20世纪90年代以来,中山市一直致力于提升优化产业结构、提高企业的科技创新能力和地区竞争力,伴随着产业结构升级,中山市R&D投入持续上升,已进入全省先进行列,科技创新能力的快速提升反过来支撑引领了全市经济与社会的持续、快速发展。

目前创新驱动已成为中山市经济和社会发展的必然选择。自2000年以来,中山市已连续10年获得"全国科技进步考核先进市"荣誉称号,《专业镇中小微企业科技服务体系的创新与实践》项目科技成果荣获省科技进步特等奖,中山市的经济增长方式从"要素驱动"逐步转变为"效率驱动"和"创新驱动"。经济发展方式由第一阶段"要素驱动"向第二阶段"效率驱动"转变的关键在于:在R&D投入的基础上,通过生产设备升级改造、工艺水平改善以及劳动者素质提高,实现提高生产要素的使用效率,而不是通过传统的增加要素投入数量来实现。经济发展方式由第二阶段"效率驱动"向第三阶段"创新驱动"转变的关键在于:在R&D持续投入的基础上,通过创新意识与创新能力的培养和技术创新活动,实现创新发展,而不是通过单纯的要素投入和技术效率来实现。由此可见,在经济转型的过程中,每一阶段的转型都是通过与素质能力提升和技术进步分不开的,而这恰恰是通过R&D投入来实现的。

本课题首先分析了中山市的经济发展与R&D活动趋势,总结了政府在科技创新中的引导、管理和支持作用，随后基于内生经济增长理论，构建了国际上通用的经济增长计量模型，测算了 R&D 投入对中山市经济增长的贡献，并利用灰色关联度算法对 R&D 投入与产业结构优化升级的关系进行了实证研究。在此基础上，课题报告归纳了中山市 R&D 活动中存在的一些瓶颈与不足，借鉴了先进国家 R&D 投入与产业升级的有益经验，提出了"创新强市，转型兴市"应该成为中山市实现科学发展的战略选择，并从政府、企业、市场环境、专业镇四个方面提出了政策建议，建议中山市进一步增强 R&D 投入意识，继续完善 R&D 投入机制，优化 R&D 投入领域，以奠定转型升级的核心技术来源和基础。

本课题由中国人民大学经济学院课题组与中山市科技局合作完成。研究报告由邹正方主笔，孙小淋、牛文慧、卢长庚、韦爱静、孙金文、苟书豪、廖博、张一欣、周艾平、赵翌辰、邹睿参加了课题的研究和报告的写作。在本课题研究和报告写作过程中，得到了广东省中山市科学技术局的徐小莉、王悦、郭德轩等同志的大力支持和帮助，也得到了中国人民大学经济学院杨瑞龙院长的指导和支持，在此对他们深表感谢。

邹正方
2013 年 3 月 28 日

目　录

图表目录

图目录

第1部分 近年来中山市 R&D 活动 发展趋势分析

　　研究与试验发展（Research and Development, R&D），是指各种研究机构、企业、高校等为获得科学技术新知识，创造性运用科学技术新知识或实质性改进技术、产品和服务而持续进行的具有明确目标的系统的创新活动。R&D 活动包括了从科学研究到技术应用的全过程（见图1-1）。

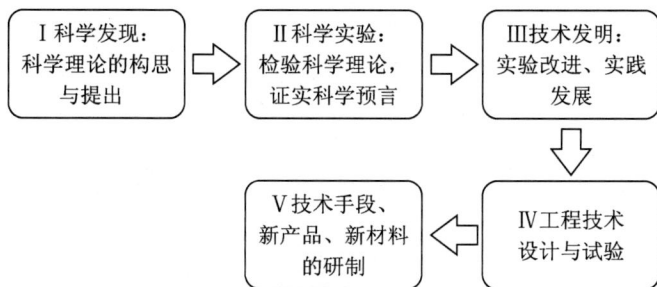

```
┌──────────────┐      ┌──────────────┐      ┌──────────────┐
│ Ⅰ科学发现：   │ ⇒   │ Ⅱ科学实验：   │ ⇒   │ Ⅲ技术发明：   │
│ 科学理论的构思 │      │ 检验科学理论， │      │ 实验改进、实践 │
│ 与提出         │      │ 证实科学预言   │      │ 发展           │
└──────────────┘      └──────────────┘      └──────────────┘
                                                      ⇓
┌──────────────┐      ┌──────────────┐
│ Ⅴ技术手段、   │ ⇐   │ Ⅳ工程技术     │
│ 新产品、新材料 │      │ 设计与试验     │
│ 的研制         │      │               │
└──────────────┘      └──────────────┘
```

图1-1　R&D 活动的全过程

　　R&D 活动是测度一个国家或地区 R&D 创新规模、评价科技活动成效和创新能力的重要指标，各个地区都十分重视 R&D 活动对促进经济增长、提高地区竞争力的作用，中山市在推进经济发展和产业结构调整的过程中，也始终密切关注和重视 R&D 活动状况和发展趋势,本部分在对 2001～2011 年来中山市经济发展和产业结构调整状况进行梳理的基础上,分析了近年来中山市 R&D 活动发展趋势,并考察了中山市 R&D 活动中的政府作用。

一、2001～2011 年中山市经济发展情况

2001 年以来,中山市始终坚持以科学发展观统领全局,以建设"适宜创业"、"适宜居住"、"适宜创新"的"三宜"新型城市为目标,积极推进经济发展和结构调整,取得了明显的成效。

1. 经济保持较快的发展势头

近年来,中山市地区生产总值由 2001 年的 404.38 亿元增至 2011 年的 2190.82 亿元(见图 1-2),增长了 4.4 倍。

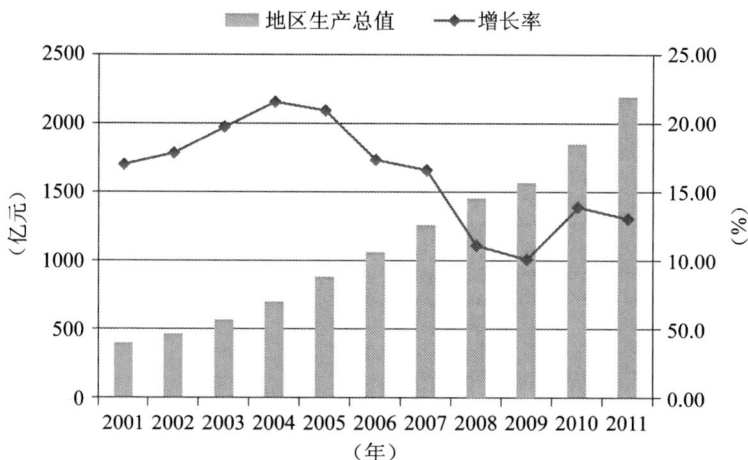

图 1-2　2001～2011 年中山市地区生产总值及其增长率

数据来源:中山市统计局《中山统计年鉴 2012》,中国统计出版社 2012 年。

中山市通过发展新型消费业态,培育文化、体育、娱乐、旅游、信息等消费热点,拓展消费领域,结合完善鼓励消费的各项政策,改

善消费预期,优化消费环境,扩大了消费需求;同时,充分发挥政府投资带动作用,大力激活民间投资,增强投资内生动力,保持投资的合理增长,并通过放宽市场准入,支持民间资本投向基础设施和关键产业,提高实体经济投资比重。

十年间中山市的经济总量一直保持了两位数的增长速度,呈现出良好的增长势头,连续多年保持广东省经济总量第五的地位。

2. 产业结构调整取得显著成效

随着中山市经济的稳步快速发展,三次产业的产值均持续增长,特别是二、三产业保持两位数增长幅度,第二、三产业的增长速度远大于第一产业的增长速度。其中,第一产业从 2001 年的 24.12 亿元增加到 2011 年的 59.15 亿元,年均增长速度为 9.38%;第二产业从 2001 年的 221.07 亿元增加到 2011 年的 1222.48 亿元,年均增长速度为 18.65%;第三产业从 2001 年的 159.19 亿元增加到 2011 年的 909.19 亿元,年均增长速度为 19.30%(见图 1-3)。

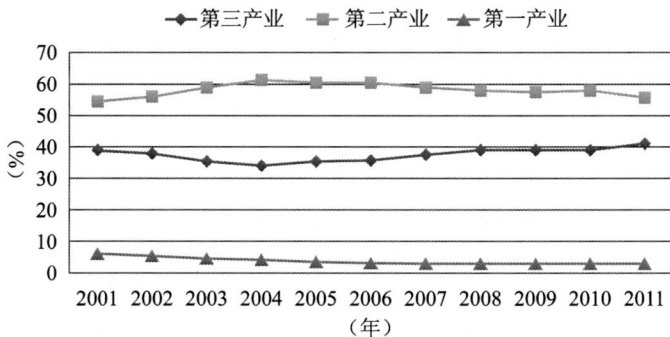

图 1-3　2001~2011 年中山市产业结构变化趋势

数据来源:同图 1-2。

在过去 10 年中,中山市三次产业结构不断调整,三次产业结构

比例由 2001 年的 5.97%：54.67%：39.36%，调整为 2011 年的
2.7%：55.8%：41.5%，特别是 2004 年以来，一产、二产比重持续下
降，三产比重持续上升，产业结构趋向高级化和适度重型化，结构调
整取得了显著的成效。为了进一步促进产业结构的调整，实现调整
的平稳过渡，中山市在 2011 年确立了新能源、装备制造业、电子信
息、健康医药、电气机械及金属制造、纺织服装六大支柱产业，2011
年实现产值 3762.86 亿元，达到规模以上工业企业总产值的
65.18%，其支柱产业地位初步得到确立。

中山市依据自身的产业结构现状，为实现产业结构调整的平稳
过渡，在结构调整过程中，一方面关注的重点是做强、做优先进制造
业以及培育发展战略性新兴产业，另一方面注重加快发展现代服务
业，积极营造有利于服务业发展的政策和体制环境，增强服务业的
发展活力。中山市从"工业立市"、"工业强市"到"产业立市"的发
展战略转变，是针对中山市现阶段产业结构状况而提出的。随着广
东省"产业转移"和"劳动力转移"的"双转移"以及"建立现代产业
体系"重大战略决策的进一步实施，中山市的三次产业将会加快升
级优化的步伐，第三产业将会加速发展，逐步形成三次产业比重
"三、二、一"的格局。

二、近年来中山市 R&D 活动的主要趋势

近年来，中山市的科技活动始终坚持科学发展观，以"自主创
新、重点跨越、支撑发展、引领未来"为指导思想，紧紧围绕提高自主
创新能力这个中心任务，大力建设科技创新体系，不断深化科技体
制改革，增强微观创新主体的内在动力与创新活力，实现了科技影
响力、显示度的飞跃提升，四次蝉联"全国科技进步先进市"，为未
来时期科技创新建设工作的开展奠定了坚实的基础。下面将具体

分析中山市近年来的 R&D 活动的主要演变趋势。

1. R&D 投入强度持续提高

在国家和广东省不断重视科技创新、加大研发投入的背景下，近年来中山市 R&D 投入的力度也不断加大。规模以上工业企业 R&D 内部支出总额由 2008 年的 22.61 亿元增加至 2009 年的 27.89 亿元，到 2010 年又增长至 35.06 亿元，年均增长速度为 24.52%。

近年来 R&D 经费投入数额的增加，得益于中山市经济的快速发展。中山市 R&D 投入强度（即 R&D 活动经费和地区生产总值的比值）由 2008 年的 1.6% 上升至 2009 年的 1.9%，到 2010 年稳定在 1.9%。这说明中山市在经济发展过程中十分重视科技创新，对于改善中山市研发环境、促进研发活动的顺利进行具有重要意义。

在 R&D 活动过程中，研发人员是能动的要素，对推进科技创新具有至关重要的作用。中山市规模以上工业企业中的 R&D 活动人员数量，从 2008 年的 13216 人增至到 2009 年的 20698 人，在 2010 年保持了相对稳定。R&D 活动人员的充足性保证了科学知识的储备，有利于研发活动的顺利进行，能使理论知识向实践成果顺利转化，为企业充分利用科技成果进行产品创新奠定了坚实的基础。

2. 企业逐步成为 R&D 活动主体

在中山实地样本中利用问卷调查发现，在样本企业中，99% 的企业设有专门的研发机构。从企业的研发活动情况来看，截至 2012 年 6 月底，93% 的样本企业有正在进行的研发活动，94% 的样本企业在 2006～2012 年向市场推出了新的或有重大改进的产品。中山市通过设立研发机构积极进行新产品研发和技术改造，争取在市场竞争中取得有利地位。

企业资金逐渐成为中山市 R&D 活动经费的主要来源。2009 年中山市 R&D 经费内部支出总额为 28.44 亿元，其中企业资金为

26.77 亿元,占据了绝大部分(为 94.10%),政府资金为 0.72 亿元,国外资金为 0.48 亿元,其他资金为 0.47 亿元。随着企业资金逐渐成为 R&D 活动经费的主要来源,企业正逐步成为研发活动的主体。

　　截至 2011 年,中山市组建了 219 家市级以上工程中心,拥有 226 家省级以上高新技术企业、17 家省级创新型试点企业、9 家省级创新型企业(见表 1 - 1),一批以企业为主体承担的重大科技项目获得立项,高新技术产品产值占全市工业总产值比重超过 30%。

表 1 - 1　中山市省级创新型(试点)企业名单

创新型试点企业		创新型企业	
第一批 (2006)	中山市明阳电器有限公司	第一批 (2008)	中山市明阳电器有限公司
	广东铁将军防盗设备有限公司		
第二批 (2008)	中山市松德包装机械股份有限公司	第二批 (2009)	广东铁将军防盗设备有限公司
	中山大洋电机股份有限公司		
第三批 (2009)	中山市金胜铝业有限公司	第三批 (2010)	中山大桥化工集团有限公司
	广东通宇通讯设备有限公司		广东通宇通讯设备有限公司
	中山市中智药业集团有限公司		中山大洋电机股份有限公司
	中山市华帝燃具股份有限公司		中山市中智药业集团有限公司
	中山大桥化工集团有限公司		
第四批 (2010)	木林森电子有限公司	第四批 (2011)	木林森股份有限公司
	中山市读书郎电子有限公司		中山市华帝燃具股份有限公司
			中山市读书郎电子有限公司

创新型试点企业		创新型企业
第五批 (2011)	中山市欧帝尔电器照明有限公司	
	棕榈园林股份有限公司	
	广东巴德士化工有限公司	
	广东三和管桩有限公司	
	中山达华智能科技股份有限公司	
	中山大洋电机股份有限公司	
合计	17 家	9 家

数据来源:中山市人民政府办公室:《中山市经济社会发展专项研究成果选编》,2011 年。

为给企业的研发活动提供一个平台,中山市建立了不同层次的技术中心。这些技术中心大部分为中山市级或者广东省级的研发机构,其比重分别达到了 42% 和 30%,国家级的企业技术中心占据了 3% 的比重(见图 1-4),中山市企业技术中心呈现出多层次的构成情况,企业正在通过自身的研发力量多方位、多角度地积极参与 R&D 活动,逐步成为 R&D 活动的主体。

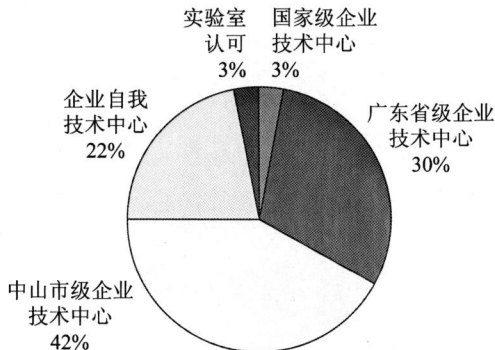

实验室认可 3%
国家级企业技术中心 3%
企业自我技术中心 22%
广东省级企业技术中心 30%
中山市级企业技术中心 42%

图 1-4　样本企业的研发机构种类

3. 市场因素是企业研发的主要动因

为了更好地了解企业的研发活动,我们对企业进行研发的动因进行了调查。从图1-5中可以看到,样本企业进行研发的动因顺次是:市场需求、同行竞争、市场出现新技术、政策激励以及其他因素。有90%的样本企业认为市场需求是他们进行创新研发的主要动因,同行业的竞争也是企业进行研发活动重要动因。

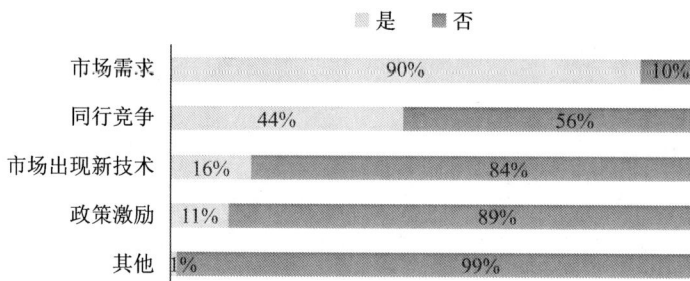

	是	否
市场需求	90%	10%
同行竞争	44%	56%
市场出现新技术	16%	84%
政策激励	11%	89%
其他	1%	99%

图1-5 样本企业的研发动因

企业研发的经济目标也能从另一个角度反映企业的研发动因。通过样本我们发现,企业进行研发投入的首要经济目的是提高产品质量,其次是为了开拓新市场,以及保持和增加市场占有率(见图1-6)。这与企业以市场需求为导向的研发动因是相一致的,即在当前消费总量有所萎缩的情况下,企业为获取市场订单、占据市场份额,不断改进产品质量,完善产品售后支持服务,反应了商品经济下市场的调控作用,体现了市场经济的特征。

4. R&D 活动取得相当成果

在中山市政府部门和企业的共同努力下,通过对 R&D 投入力度和强度的不断加大,研发产出取得显著成效。在 2008 年,中山市规模以上企业专利申请数为 1458 件,其中有效发明专利为 369 件;

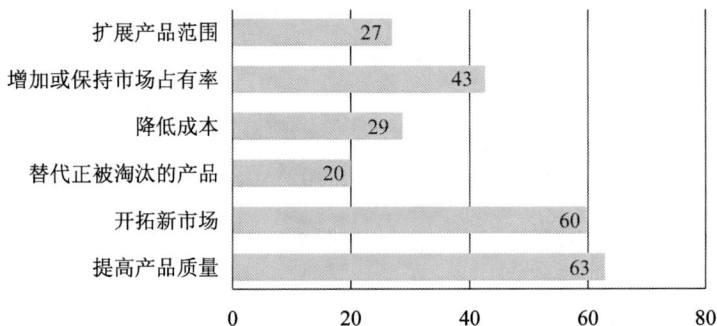

图 1-6 样本企业进行研发的首要经济目标

2009 年专利申请数增加至 2552 件,其中有效发明专利为 779 件;2010 年专利申请数有所下降,为 2435 件,但其中有效发明专利则增长至 820 件(见图 1-7)。

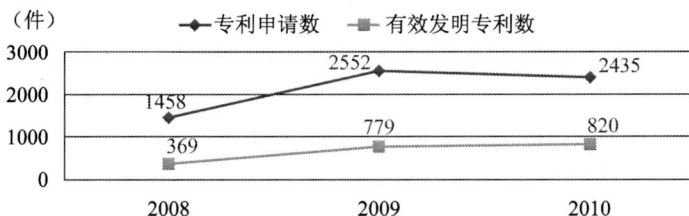

图 1-7 2008~2010 年中山市规模以上工业企业专利情况

数据来源:同图 1-2。

R&D 活动的活跃促进了企业新产品生产的增加,为企业带来了可观的经济收益。新产品产值从 2008 年的 279.51 亿元增加值到 2009 年的 444.72 亿元,增幅高达 60%,在 2010 年新产品产值则保持相对稳定,小幅增加至 450.75 亿元。新产品销售收入则从 2008 年的 262.36 亿元增加至 2009 年的 445.09 亿元,增长了

69.64%,而在 2010 年稍有回落,降至 402.36 亿元(见图 1-8)。

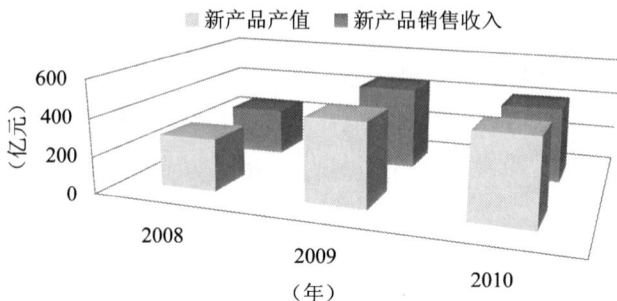

图 1-8　2008~2010 年中山市规模以上工业企业新产品产值和新产品销售收入
数据来源:同图 1-2。

三、近年来中山市 R&D 活动中的政府作用

R&D 活动的发展离不开政府支持和鼓励,中山市政府积极采取措施优化服务,完善有利于创新的发展环境,有效促进了创新活动的进行。

1. 加大财政支持力度

中山市为了强化财政引导作用,逐步加大了财政支出中对于科技发展的支持力度。显示,在中山市财政支出逐年增长的同时,财政支出用于科学技术的支出额,包括新产品试制费、中间试验费、重要科学研究补助费,由 2008 年 4.78 亿元增加至 2010 年 8.97 亿元,科技技术支出在整个中山市公共财政支出中所占的比重也是逐步上升的(见表 1-2)。

表 1–2 2008～2010 年中山市财政支出情况

年份	公共财政支出	科技支出	科技支出占财政支出比重
2008	117.90 亿元	4.78 亿元	4.05%
2009	145.84 亿元	6.72 亿元	4.61%
2010	192.67 亿元	8.97 亿元	4.66%

数据来源:中山市审计局:《关于中山市 2008～2010 年度预算执行和其他财政收支情况的审计工作报告》,2008～2010。

通过增加财政支出使企业获取资金支持的同时,国家和各级地方政府也采取了多项财政支出的政策来支持研发创新。近年国家、广东省先后出台了《广东省重大科技项目专项资金管理办法》、《关于印发广东省科技型中小企业技术创新专项资金管理暂行管理办法的通知》、《转发财政部科技部关于印发科技型中小企业创业投资引导基金管理暂行办法的通知》等政策,中山市也出台了《科技发展专项资金管理办法》等相关文件,2012 年安排市科技发展专项资金,省、市专项资金通过无偿补助、贷款贴息等方式促进了市科技创新的发展。

2. 实施税收优惠政策

为了扶持和鼓励中山市的科技发展和 R&D 活动,中山市政府对于技术创新和研发活动给予了税收方面的优惠或者倾斜。从表 1–3 可以看到,中山市在研究开发费用加计扣除、国家重点扶持高新技术企业以及技术转让三个方面给予了大量的支持,每年三项减免的税款总和都达到了上千亿元,这反映中山市在减税方面支持企业研发创新的力度之大。贯彻落实现行企业研发费加计扣除政策,对提高企业竞争力、促进企业自主创新和企业良性发展具有良好的效果,主要体现在:企业研发费加计扣除税收优惠,相当于给企业减免了加计扣除研发费部分的应缴税款,而企业可以利用这笔减免的税款,用于新一轮的研究开发。如此,研发、减免税、再研发,形成了良性循环。研发费加计扣除政策成为激励企业加大研发投入,提高自主创新能力最直接、最有效的政策工具。

表 1-3 2008~2011 年中山市企业享受技术创新和研发的减免税情况

年度	研究开发费用加计扣除		国家需要重点扶持的高新技术企业		技术转让	
	宗数(件)	减免税款(万元)	宗数(件)	减免税款(万元)	宗数(件)	减免税款(万元)
2008	22	1967	54	6320	11	63
2009	23	2584	49	10083	9	360
2010	22	3267	53	13674	2	22
2011	20	3099	48	15253	6	50

数据来源:同表 1-1。

近年来,在中山市全市各级科技、经贸、国税、地税部门全力推动下,中山市不断推进研发费加计扣除政策的贯彻落实,政策的社会影响不断扩大,政策实施效果逐年提升。尤其是省科技厅、省经贸委、省国税局、省地税局联合制定出台《关于企业研究开发费税前扣除管理实行办法》,以及国家税务总局下发的《企业研究开发费用税前扣除管理办法(试行)》,较好地解决了国家政策细则不配套、基层行政部门缺乏指引和企业申请税收优惠手续繁琐等问题,企业落实有关税收优惠的效率得以大大提高。在多渠道的业务指导、便利的办事流程以及实惠的税收政策的引导下,更多的企业加入到自主研发的行列中来。企业研发投入额逐年增长,享受研发费加计扣除额增势迅猛,税收优惠政策的实施效果比较明显,企业对相关政策职能部门的满意度不断提高。

3. 打造专业镇及科技服务平台

中山市通过产业园建设、招商引资、奖励技术创新等措施,积极引导各镇区结合已有产业基础和本地资源培育发展具有区域特色的产业集群,推动产业集群的快速发展,形成了"一镇一品"的产业集群发展特色。目前中山市 18 个镇中有 15 个省级专业镇(见表1-4)。2011 年专业镇生产总值达 1321 亿元,占全市地区生产总值的 60%,工业产值占 62%,税收和吸纳就业人数均占五成以上。

表1-4 中山市省级专业镇

序号	镇区	广东省省级专业镇名称
1	小榄镇	五金制品专业镇
2	沙溪镇	休闲服装专业镇
3	古镇	灯饰专业镇
4	三乡镇	古典家具专业镇
5	阜沙镇	精细化工专业镇
6	民众镇	农产品专业镇
7	黄圃镇	食品工业专业镇
8	三角镇	纺织、电子专业镇
9	南朗镇	旅游专业镇
10	板芙镇	美式传统家具专业镇
11	港口镇	游戏游艺产业专业镇
12	东凤镇	小家电专业镇
13	大涌镇	红木家具专业镇
14	东升镇	办公家具专业镇
15	南头镇	家电专业镇

数据来源:同表1-1。

科技服务平台建设是推进研发创新的重要抓手。目前中山市建成了各类服务平台 360 多家,其中国家级科技创新服务平台 14 家(含分支机构),区域创新服务平台 6 家(见表 1-5),专业镇创新服务平台 17 家(见表 1-6),其他科技中介服务机构 30 余家,涵盖了技术研发、外观设计、检验检测、认证服务、科技信息、技术专利服务、人才教育培训、中小企业融资担保等业务,有力支撑了区域创新能力的不断提升。

中山市还积极推进产学研联合以推进创新。中山市已建成省部产学研创新联盟 2 个、示范基地 9 个,全国 100 多所高校、科研院所、400 多家企业参与产学研合作,实施合作项目 800 多项,实现年产值 400 多亿元,北京理工大学、华中科技大学等高校相继在中山市设立综合研究院和实验中心,开放式科技创新体系不断完善。此外,一批国家火炬计划特色产业基地落户中山,新能源、汽车电子、游戏游艺等战略性新兴产业正在成长为新的经济增长点,科技产业结构高级化进程加快。

表 1-5　中山市科技创新平台

序号	平台名称	序号	平台名称
国家级创新服务平台			
1	中山市生产力促进中心	8	华艺灯饰有限公司检测中心
2	小榄生产力促进中心	9	煤燃烧国家重点实验室(华帝)分实验室
3	火炬开发区创业中心	10	国家灯具质量监督检验中心(中山)分中心
4	国家植物病毒检疫重点实验室	11	电动车辆国家工程实验室(大洋电机)分实验室

续表

序号	平台名称	序号	平台名称
国家级创新服务平台			
5	固力保安制品有限公司检测中心	12	电子薄膜与集成器件国家重点实验室(中山)分实验室
6	中山益达服装有限公司检测中心	13	材料成形及模具技术国家重点实验室(利群)分实验室
7	广东美味鲜调味食品有限公司检测中心	14	食品科学与技术国家重点实验室(咀香园)分实验室
区域创新服务平台			
1	广东装备制造工业研究院	4	中山市武汉理工大学先进工程技术研究院
2	中山北京理工大学研究院	5	中山市华南理工产业技术研究院
3	中山市武汉大学技术转移中心	6	中山市红木家具研发院

数据来源:中山市科技局:《推动创新服务平台建设情况汇报(科技局)》,2010。

表 1-6 中山市专业镇创新服务平台

序号	平台名称	组建单位	序号	平台名称	组建单位
1	古镇镇生产力促进中心	古镇	9	中山市传统肉制品加工技术研发中心	黄圃
	灯饰产业转型升级服务平台		10	家电创新公共服务平台建设	
2	小榄镇生产力促进中心	小榄	11	办公家具创新服务平台	东升
3	中山市沙溪镇服装行业公共技术服务平台	沙溪	12	美式仿古家具创新与服务中心	板芙

续表

序号	平台名称	组建单位	序号	平台名称	组建单位
4	中山市红木家具研究开发院	大涌	13	文化旅游创新服务平台	南朗
	中山市红木家具工程技术研究开发中心		14	精细化工技术创新中心	阜沙
5	大涌牛仔产业公共技术创新服务平台		15	环保科技公共服务平台	三角
6	中山市家电创新中心	南头		数字三角创新服务平台	
7	中山市绿色食品工程技术研究开发中心	民众	16	古典家具技术与服务中心	三乡
8	小家电嵌入式软件开发平台	东凤	17	游戏游艺技术创新服务平台	港口

数据来源:同表1-5。

4.创新金融支持机制

中山市设计创新金融支持机制的的主要思路是:利用中山市开展城乡金融服务一体化综合改革试点的政策优势,积极稳妥地开展金融创新试点工作,创新金融服务模式,促进产业转型升级,切实发挥金融业在建设"三个适宜"城市上的作用。为了配合研发活动的进行,中山市制定了提升自主创新能力的金融创新机制。

一是成立科技领军人才创业投资基金。首先,基金以政府引导,以孵化科技项目为共同目标,通过政府引导资金投入,吸纳和带动风险投资、社会资本、民间资本、境外资本共同参与科技领军人才创业投资。其次,每年选择5~10个具备产业化条件的新兴产业项目,项目选择由目前国内流行的政府主导的选择模式转变为由政府和风险投资共同主导的选择模式,引入具备创业投资经验的风险投资公司,不仅可以在项目初期和政府共担风险,而且风险投资公司有成熟的专家团队协助政府决策。再次,推出股权激励新政策,把政府的风险投资量化一部分作为期权,奖励给创业企业的技术团队和管理团队。最后,科技领军人才创业投资基金可以通过在沪深交易所出售股票、火炬区"新三板"、中山市产权交易所三个渠道适时推出产业项目,再利用资金转入新的创业项目。

二是设计知识质押融资机制。首先,设立"专利池","专利池"中知识产权质押融资的项目必须是中山市产业转型升级所需的重要专利技术。评估工作由科技局、发改局、经信局、大学、研究所、行业协会和银行共同参与完成。其次,科技投资基金按一定比例进行知识产权质押融资担保业务;或由科创投资基金承诺在企业不能按时偿还到期债务时,按一定比例收购知识产权,增强知识产权的变现能力,防止重大技术专利流失。最后,在金融业发展专项资金中建立知识产权质押贷款风险补偿基金,对金融机构发放知识产权质押贷款给予适度补助,对知识产权质押不良贷款损失给予适度风险补偿,指导和协助融资机构在知识产权交易市场上及时处置质押物。

中山市金融创新机制的设立工作还处在一个初始阶段,需要在试点推行的过程中不断地改进和完善,同时要充分发挥政府在整个金融创新过程中的主导作用,努力实现金融服务业对于 R&D 研发的扶持帮助,推动中山市科技研发活动的进一步发展。

5. 确立人才优先战略

针对人才引进问题,中山市明确目标,重点引进三大类人才:首先,大力引进海外高层次人才。依托中山丰富的海外华侨资源,以北美、西欧为重点,引进一批能够突破关键技术、发展高新产业、区域发展急需和紧缺的创新人才与创业人才;其次,大力引进创新团队,鼓励企业创建、引进国家重点实验室和国家工程技术研究中心,以项目为载体,重点引进对中山产业发展有重大影响、能带来重大经济效益和社会效益的创新科研团队。最后,大力开展柔性引才,在高等院校、科研机构、公共服务机构、企事业单位设置工作岗位或工作室,吸引紧缺适用人才以柔性流动方式到中山工作。

帮助人才融入中山、鼓励人才突破创新。除了为各类人才提供一流的创业、就业环境外,中山市先后还出台了《中山市紧缺适用人才子女就学暂行办法》《中山市紧缺适用人才入户管理暂行办法》一系列辅助政策,在生活上帮助各种人才融入中山的生活之中。《中山市紧缺适用人才子女就学暂行办法》中规定:紧缺适用高层次人才子女在中山就学义务教育或高中阶段学校的,原则上安排到省级或以上学校就学;紧缺适用人才子女在中山就学义务教育或高中阶段学校的,原则上可以申请到市级或以上学校就学。而在入户方面,中山市还出台了《中山市紧缺适用人才入户管理暂行办法》,保证各类紧缺适用人才能够方便快捷地入户。只要符合以下条件的申请人向市人力资源和社会保障部门提出申请,经核准后,市公安部门优先办理入户手续:取得由市人力资源和社会保障部门核发的认证材料;符合计划生育政策;身体健康;无违法犯罪和参加国家禁止的组织或活动的记录。

另外,不能不提的是 2011 年为鼓励人才和企业所设立的两大奖项:"中山市人才突出贡献奖"和"中山市爱才重才奖"。"中山市人才突出贡献奖"专门表彰奖励为中山做出突出贡献的创新型科技人才或团队,一等奖可获 500 万元奖励;而"中山市爱才重才奖"则表彰奖励为中山人才队伍建设、经济社会发展做出优异成绩的用人单位,对爱才重才奖获得单位予以全市通报表彰,颁发荣誉证书,并给予一次性奖励 50 万元。

做好人才工作是增强中山核心竞争力、增创发展新优势的关键所在。确立人才优先发展战略,充分发挥人才在经济社会发展中的基础性、先导性、战略性作用,加快建设一支规模大、素质高、结构优、能够推动科学发展、具有较强竞争力的人才队伍,既是当务之急,又是长远大计。

第 2 部分　2000～2010 年 R&D 投入对中山市经济发展的贡献分析

近年来在经济持续健康发展的同时,由于政府的积极推动,中山市 R&D 活动有了显著的进展。本部分将集中研究中山市 R&D 活动与经济发展之间的定量关系。首先从理论层面概述 R&D 与经济发展之间的关系,然后分别探究 2000～2010 年中山市 R&D 投入对中山市经济增长和产业结构优化升级的贡献,接着分析中山市 R&D 投入对高新技术企业的影响,最后根据实证部分的定量研究结果得出 2000～2010 年期间中山市 R&D 投入对其经济发展的贡献分析结论。

一、R&D 与经济发展理论概述

"二战"以来,R&D 越来越引起人们的注意,其对经济发展的作用也逐渐受到人们的重视。20 世纪 80 年代后期,罗默和卢卡斯等人在对新古典增长理论进行反思的基础上,突破性地将技术进步作为内生变量纳入经济增长的研究范畴,并逐步形成了新经济增长理论,又称内生经济增长理论。新增长理论将知识和专业化的人力资本引入经济增长模型,认为知识和专业化的人力资本积累可以产生递增收益,并使其他投入要素的收益增加,进而使总的规模收益递增,从而说明技术进步和创新是一个国家经济发展的推动力和源泉。在新经济增长理论中,技术是有目的 R&D 活动的结果,R&D 活动创造和积累知识,促进产品创新和工艺创新,从而为经济可持续增长提供源源不断的动力和支持。政府可以通过实施某些经济政策,如通过实施主动的 R&D 投资、支持教育和保护知识产权等来实现要素收益递增,最终实现经济长期增长。例如,20 世纪 90 年代美国新经济的出现在很大程度上是由于政府对研发活动、教育和人力资本的投入。而一些落后国家之所以长期处在低水平的增长路径上,就是由于对知识生产部门的投资不够、技术进步率太低的缘故。

R&D 活动不仅能带来长期持续的经济增长,而且能够推动经济结构的优化和经济发展质量的提高。研发创新影响整个价值链,其变迁方向直接影响需求结构、投资结构、消费结构,是构成产业结构调整的最重要影响因素,不仅能促进更有效地使用资源,而且是环境保护、实现可持续发展的技术保障基础。对此,Grilloches (1986)分析了 1957～1977 年间大约 1000 家美国最大制造企业数据,分析结论表明科技投入的支出对生产力的提高有着重要的作用,其中 R&D 投入作用尤为重要。周叔莲等(2001)指出,创新从供给和需求两方面影响产业生产效率及生产要素的配置,进而推动产业结构变革,其中技术供给对产业结构的影响更具直接性,且能创造新需求。谭黎阳(2002)等学者认为创新是产业结构升级的根本因素和直接动力。此外,Lich tenberg 还指出,R&D 投资的回报率几乎是设备投资回报率的 7 倍。

经济发展的历史和现实表明,随着工业的发展、社会的进步,经济增长越来越依赖于技术进步而非所消耗的要素投入,技术进步能够提高各种生产要素的使用效率,改善它们的结合方式,促进产出增长。中山市是我国改革开放的前沿城市,经济发展水平高于内陆城市。随着中山市经济社会的发展,其主要依靠资源、要素推动的粗放型经济增长方式的弊端已逐步显现,且这种增长方式也不可能长期保持,所以推动 R&D 投资,促进研发创新,提高经济增长质量,转变经济增长方式是中山市经济持续健康发展的必然选择。

因此,我们有必要定量研究 R&D 投入对中山市经济增长和产业结构优化升级的贡献。下文将首先通过实证模型实际测算 R&D 投入对中山市经济增长的贡献并进行对比分析,然后进一步分析 R&D 投入对中山市产业结构优化升级的贡献,最后实证研究中山市高新技术的 R&D 投入及其影响。

二、R&D 投入对中山市经济增长的贡献分析

1. R&D 投入对经济增长贡献率的测算模型

综合前面的分析,考虑到经济发展中 R&D 投入的作用,我们可以将生产中使用的要素设定为资本、劳动和 R&D,由此生产函数设置如下:

$$Y(t) = A(t) \cdot F(K(t), L(t), R(t)) \qquad (1)$$

其中,$Y(t)$ 表示时期的实际净产出,$A(t)$ 表示时期的由制度等非研发因素导致的技术进步水平,$K(t)$ 表示时期的资本投入量,$L(t)$ 表示时期的劳动投入量,$R(t)$ 表示 t 时期的研发投入总量。

(1)式两边分别对 t 求微分得:

$$\frac{dY(t)}{dt} = \frac{dA(t)}{dt} F(K(t), L(t), R(t)) +$$

$$A(t) \frac{\partial F(K(t), L(t), R(t))}{\partial K(t)} \frac{dK(t)}{dt} +$$

$$A(t) \frac{\partial F(K(t), L(t), R(t))}{\partial L(t)} \frac{dL(t)}{dt} +$$

$$A(t) \frac{\partial F(K(t), L(t), R(t))}{\partial R(t)} \frac{dR(t)}{dt}$$

即为：

$$\dot{Y} = \dot{A}F + A\frac{\partial F}{\partial K}\dot{K} + A\frac{\partial F}{\partial L}\dot{L} + A\frac{\partial F}{\partial R}\dot{R} \tag{2}$$

两边同时除以 Y，并整理得：

$$\frac{\dot{Y}}{Y} = \frac{\dot{A}}{A} + \frac{\partial F}{\partial K}\frac{K}{F}\frac{\dot{K}}{K} + \frac{\partial F}{\partial L}\frac{L}{F}\frac{\dot{L}}{L} + \frac{\partial F}{\partial R}\frac{R}{F}\frac{\dot{R}}{R}$$

$$= \frac{\dot{A}}{A} + \alpha_K\frac{\dot{K}}{K} + \alpha_L\frac{\dot{L}}{L} + \alpha_R\frac{\dot{R}}{R}$$

上式可以简记为：

$$y = a + \alpha_K k + \alpha_L l + \alpha_R r \tag{3}$$

其中：

$$\alpha_K = \frac{\partial F}{F}\Big/\frac{\partial K}{K} = \frac{\partial Y}{Y}\Big/\frac{\partial K}{K}, \alpha_L = \frac{\partial F}{F}\Big/\frac{\partial L}{L} = \frac{\partial Y}{Y}\Big/\frac{\partial L}{L},$$

$$\alpha_R = \frac{\partial F}{F}\Big/\frac{\partial R}{R} = \frac{\partial Y}{Y}\Big/\frac{\partial R}{R}$$

分别表示产出的资本弹性、产出的劳动弹性和产出的研发投入弹性，$y = \frac{\dot{Y}}{Y}$ 表示产出的增长率，$a = \frac{\dot{A}}{A}$ 表示技术进步率，$k = \frac{\dot{K}}{K}$ 表示资本增加率，$l = \frac{\dot{L}}{L}$ 表示劳动增加，$r = \frac{\dot{R}}{R}$ 表示研发投入的增长率。由此，计算出研发投入对经济增长的贡献率为：

$$ES = \frac{\alpha_R}{y} \times 100\% \tag{4}$$

2. 2000～2010 年中山市研发投入对 GDP 增长贡献的实证分析

(1) 2000～2010 年中山市 R&D 投入对其 GDP 增长的贡献测算

基于以上模型，根据我国的统计口径，此模型中的相关变量的确定分别依据以下方式给出。

Ⅰ. 总产出量的确定

测算 R&D 投入对经济增长的贡献的模型,是定量地确定产出量和投入量之间关系的数学表达式,因此产出量应该用实物量来衡量。根据统计数据的可获得性,本文采用经价格调整的中山市每年实际 GDP 来表示总产出量。

Ⅱ. 总资本量的确定

在本文中所采用的是在估计一个基准年后运用永续盘存法按不变价格计算中山市的资本存量。采用相对效率几何递减模型,资本存量的估算可以写作:

$$K_t = K_{t-1}(1 - \delta t) + I_t \tag{5}$$

其中,t 指第 t 年,I 为固定资本投资,δ 为折旧率。上式中需要确定的变量有四个:当年投资 I;用投资品价格指数折算为不变价的投资值;经济折旧率 δ;基年资本存量 K。

a)基年选定为 2000 年

根据张军等(2004)的研究,2000 年的广东物质资本存量为16084 亿元(以 2000 年的价格计算),由于数据可得性原因,无法直接估算中山市 2000 年的资本存量,故本文假设 2000 年中山市资本存量占广东省的比例和经济规模占广东省的比例相同。因此,2000年中山市的资本存量为:

$$16084 \times (312.8236/10741.25) = 468.42(亿元)$$

b)经济折旧率 δ 的确定

各个研究在折旧率的选择上有较大的出入。帕金斯(Perkins,1998)、胡永泰(1998)、王小鲁(2000)以及王和姚(Wang and Yao,2001)均假定折旧率为 5%。龚六堂和谢丹阳(2004)对全国各省都假定了 10%的折旧率。宋海岩等(2003)则假定各省每年的折旧率为全国折旧率加上各省该年的经济增长率。其理由是各省资本实际使用情况不同,那些经济增长较快的省必然会比增长较慢的省更快地使用资本,从而更多地折旧。黄永峰等(2002)对在一项中国制造业资本存量的研究中,估算出设备的经济折旧率为17%。张军等(2004)在对我国省际物质资本存量的估算中采用的经济折旧率是9.6%。基于上述研究,考虑中山经济发展较快的状况,笔者把经济折旧率定为10%。

c) 当年投资流量的确定

在本报告中采用的当年投资指标是全社会固定资本投资额。王小鲁(2000)用当年全社会固定资产投资乘以固定资产投资交付使用率来计算当年的固定资本形成。笔者在此处不进行扣除,只是选用价格指数进行平减。具体来说,在统一选定10%折旧率的条件下,对于2000~2010年间中山市的资本存量数据,将通过如下公式求得:

$$所求年份资本存量 = 上一年资本存量 × (1 - 折旧率) + 该年$$
$$投资额/价格平减指数$$

其中,价格平减指数用固定资产投资价格指数(缺失年份以商品零售价格指数来替代)来说明。

Ⅲ. 劳动量的确定

在用宏观方法研究生产过程时,可以采用劳动者人数来说明劳动的消耗。但是,劳动者人数只说明可能的劳动消耗,它没有反映出劳动年龄、职业以及劳动者工作日长短的差别,也没有反映工时的损失情况。目前,由于一些物质生产部门的劳动者人数往往与实际需要不一致,因此,采用劳动者人数计量劳动量,对计算结果会有一定影响。但考虑统计资料的可得性,我们采用每年的从业人员数作为劳动量的代表指标。

Ⅳ. 总研发投入量的确定

本文用 R&D 经费表示研发投入。2008~2010 年 R&D 经费来自中山市统计局。由于没有 2000~2007 年中山市 R&D 经费数据，但有此期间的大中型工业企业 R&D 经费数据。因此，本文假设 2000~2007 年中山市大中型工业企业 R&D 经费占广东省大中型工业企业 R&D 经费的比例等于中山市全社会 R&D 经费占广东省全社会 R&D 经费的比例，这样就可以根据广东省的全社会 R&D 经费估算出中山市在此期间的 R&D 经费值（图 2-1）。其中大中型工业企业 R&D 经费数据来自于《广东省统计年鉴》，广东省总 R&D 经费来源于广东省科技厅统计数据。由于得到的 R&D 数据为当年价格的数据，因此，本文采用商品零售价格指数对其进行平减，折算成以基年 2000 年不变价格表示的实际值。

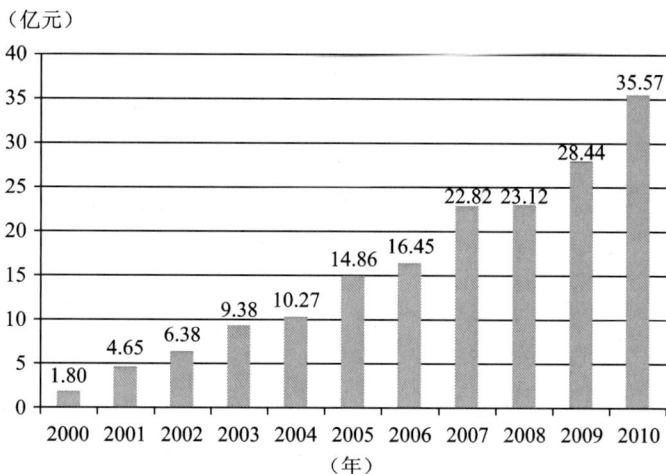

（亿元）

图 2-1 中山市 2000~2010 年 R&D 经费测算结果

其中大中型工业企业 R&D 经费数据来自于《广东省统计年鉴》，广东省总 R&D 经费来源于广东省科技厅统计数据。由于得到的 R&D 数据为当年价格的数据，因此，本报告采用商品零售价格指数对其进行平减，折算成以基年 2000 年不变价格表示的实际值。

Ⅴ. 弹性系数的确定

弹性系数 $\alpha_K, \alpha_L, \alpha_R$ 的经济含义是:在其他条件不变的情况下,资本(或劳动或 R&D 投入)增加 1% 时,产出增加 $\alpha_K\%$(或 $\alpha_L\%$ 或 $\alpha_R\%$)。

本文采用回归分析法。为了尽可能多地利用数据以增加自由度,本文采用总量数据取对数后进行回归的方法,回归模型如下:

$$\ln Y_t = \alpha + \alpha_K \ln K_t + \alpha_L \ln L_t + \alpha_{RD} \ln RD_t + \varepsilon_t \qquad (6)$$

其中,Y_t, K_t, L_t, RD_t 分别表示实际总产出、总资本量、总劳动量和实际 R&D 投入,$\alpha_K, \alpha_L, \alpha_R$ 即为我们所要求的参数。

采用前述的方法计算出 2000～2010 年中山市实际总产出、资本存量、劳动量和实际 R&D 投入数据如表 2 – 1 所示。其中实际总产出是以 2000 为基年的经物价调整的地区产值,单位是万元;物质资本存量以 2000 年为基年,单位是万元;从业人员采用全社会从业人员数表示,单位是人;实际 R&D 经费是以 2000 年为基年的 R&D 经费实际值。

表 2 – 1　中山市 2000～2010 年产出、从业人员、物质资本和 R&D 经费

年份	实际产出 Y (万元)	资本存量 K (万元)	从业人员总数 L (人)	实际 R&D 经费 (万元)
2000	3454361	4684200	1224467	18000
2001	4051788	2270059	1242815	47082
2002	4739301	2488680	1316433	65872
2003	5703707	2950240	1447194	96708
2004	6816624	3332081	1852890	103255
2005	8373244	3525305	1888531	147789

年份	实际产出 Y （万元）	资本存量 K （万元）	从业人员总数 L （人）	实际 R&D 经费 （万元）
2006	9832370	3755947	1934705	161350
2007	11334007	4122765	2025529	214217
2008	12349767	4368209	2037510	205552
2009	13679178	5385820	2100155	257970
2010	15689640	6376148	2178356	314431

利用测算的数据，我们采用 eviews6.0 估计以上模型，得到估计结果如下：

$$\ln Y = 3.1773 + 0.4109\ln K + 0.3793\ln L + 0.4199\ln RD$$

$$P = (0.3794) \quad (0.0028) \quad (0.2428) \quad (0.0004)$$

$$F = 237.8637, \quad R^2 = 0.9903, \quad \bar{R}^2 = 0.9861$$

从回归结果来看，F 值较大，方程整体显著性明显；R^2 及其校正值都在 0.98 以上，进一步说明估计效果较好；资本 K 和 R&D 投入的系数都高度显著，说明资本和研发投入对产出确实有影响。

由上述计量分析的结果知，资本的产出弹性为 0.4109，劳动的产出弹性为 0.3793，R&D 投入的产出弹性为 0.4199，说明中山市研发的产出弹性相对资本和劳动而言还比较大，这一方面可能反映出中山市的研发资本积累还不是很多，研发的边际效率还很高，另一方面说明加大研发投入会带来较明显的经济增长。

利用式（3）、（4）和（6），可以计算出 R&D 投入对经济增长的贡献。计算结果如下图 2 - 2 所示。

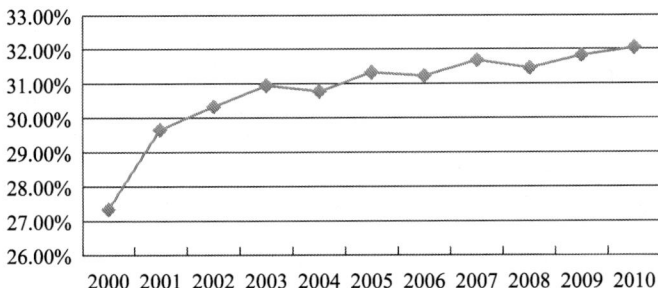

图 2－2 2000～2010 年中山市 R&D 投入对经济增长的贡献

由计算结果知,2000～2010 年中山市 R&D 投入对经济增长的贡献基本上处在 26%～32% 之间。总体上,在此期间研发投入对经济增长的贡献度呈上升趋势,且在 2000～2007 年期间增长较快,在 2007～2010 年期间基本平稳。其中 2004 年、2006 年和 2008 年 R&D 投入对经济增长的贡献有下降的趋势。总结起来,从"十五"至"十一五"期间中山市 R&D 投入对经济增长的贡献呈增长态势,但"十五"期间比"十一五"期间增长得要快。

按照同样方法可以计算出 2000～2010 年期间中山市资本和劳动对经济增长的贡献,计算的结果如图 2－3 所示。

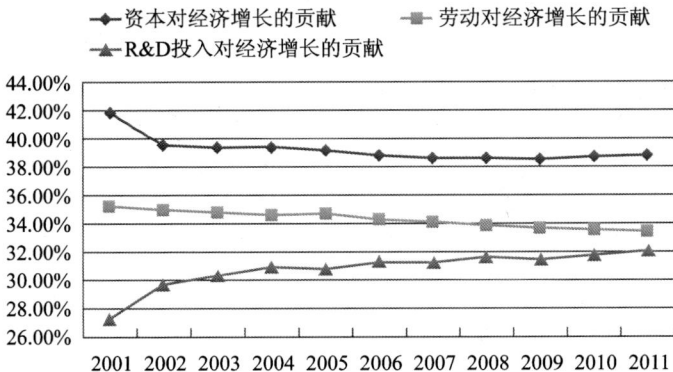

图 2－3 中山市资本、劳动和 R&D 对经济增长的贡献

从图 2 - 3 可以看出,2000～2010 年期间中山市资本对经济增长的贡献在 38% 左右,劳动对经济增长的贡献在 32% 左右,R&D 投入对经济增长的贡献在 30% 左右,即中山市经济增长中资本和劳动的贡献还比较大,这与中山市服装等劳动密集型产业和机电等资本规模大的产业的占比较大的现实相符。在分工中,中山市的企业基本处于加工、组装等中低端环节,产品多以劳动密集型产品为主,虽然近年来机电产品等资本密集型产品有所增加,但仍然以做这些产品的中低端环节为主,可以被形象地称为"世界加工厂"。这就导致劳动和资本在经济增长中扮演重要角色。此外,2000～2010 年期间,资本和劳动对经济增长的贡献都有所下降,而 R&D 对经济增长的贡献有所上升,这说明中山市近年来重视研发创新的成果有所呈现。

(2)2000～2010 年中山市 R&D 投入对经济增长的贡献与广东省的情况对比分析

前面我们估算了中山市 2000～2010 年 R&D 投入对其经济增长的贡献度,为了更好地揭示中山市 R&D 投入对经济增长的贡献情况,这部分我们使用前面同样的方法估计广东省 R&D 投入对经济增长的贡献情况,并将中山市的情况与之对比,从中找到差距与不足。

广东省是全国改革开放的前沿地区,其经济发展走在全国前列,从图 2 - 4 可看出,广东省近十年来研发投入呈不断增大的趋势,且增速有加快的趋势;R&D 投入强度也在不断上升,且 2005 年以后增速有所加快。

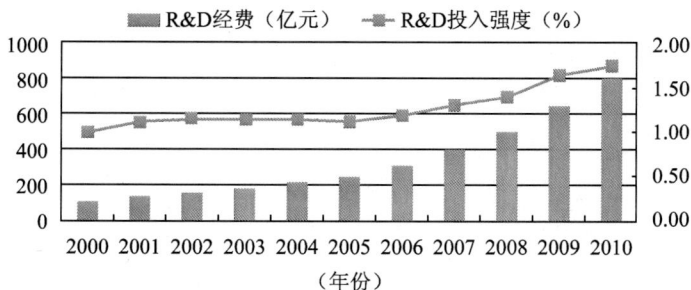

图 2-4 广东省 R&D 经费和 R&D 投入强度

数据来源:广东省科学技术厅网站。

按照前面所述方法,我们计算出广东省 2000~2010 年实际总产出、物质资本存量、劳动力数量和 R&D 投入实际值,如表 2-2 所示。

表 2-2 广东省总产出、物质资本存量、劳动力和 R&D 投入测算结果

年份	实际产出 Y（亿元）	资本存量实际值 K（亿元）	从业人员数 L（万人）	R&D 投入实际值（亿元）
2000	10741.25	16084.00	3989.320	107.1200
2001	12122.43	4494.391	4058.630	133.9621
2002	13789.64	4244.328	4134.370	156.6066
2003	16085.06	5181.761	4395.930	176.1900
2004	18591.29	5859.276	4681.890	198.1492
2005	21731.97	6846.670	5022.970	226.2919
2006	25163.42	7730.665	5250.090	281.7642
2007	28998.65	8897.012	5402.650	356.3269
2008	31801.65	9567.041	5553.670	408.2282
2009	34929.18	11748.21	5652.393	546.4268
2010	39482.61	13805.05	5752.370	657.5203

测算的数据中,实际产出是以 2000 年为基年经价格调整的地区生产总值;资本存量是以张军估计的 2000 年广东省资本存量 16084 亿元为初始资本存量,折旧率为 6%("十五"至"十一五"期间广东省的经济增长率约低于中山市经济增长率四五个百分点,根据增长快的经济体资本折旧快的假设,广东省资本折旧率采用 6%)经价格调整的据式(5)计算出的资本存量值;从业人员是广东省年末从业人员数用以表示劳动投入;R&D 投入实际值是每年 R&D 经费经价格调整为以 2000 年为基年的实际值。数据来自《广东省统计年鉴》及广东省科学技术厅统计数据。采用模型(6)估算广东省 R&D 投入对其经济增长的贡献度,回归结果如下所示:

$$\ln Y = -7.4680 - 0.0360\ln K + 1.8754\ln L + 0.3310\ln RD$$

$$P = (0.0002) \quad (0.0407) \quad (0.0000) \quad (0.0000)$$

$$F = 2057.985, \quad R^2 = 0.9989, \quad \bar{R}^2 = 0.9984$$

由回归结果可知,2001~2010 年广东省的 R&D 的产出弹性为 0.3310,采用前面同样的方法可以计算出此期间 R&D 投入对经济增长的贡献度。由计算结果,2000~2010 年期间,广东省 R&D 对经济增长的贡献在 17%~20% 范围内,"十五"至"十一五"期间,研发对经济增长的贡献呈不断上升趋势,且在"十一五"期间这种上升趋势表现得更明显。

将中山市的情况与广东省对比可以看出,中山市的研发产出弹性(0.4199)大于广东省的研发产出弹性(0.3310),即一单位的研发投入带来中山市的产出增加大于广东省的产出增加,说明中山市研发投入的边际贡献大于广东省平均水平。另一方面,从图 2-5 可以看出,2000~2010 年中山市研发投入对经济增长的贡献一直高于广东省总体水平,中山市在广东省处于相对领先的位置。中山市作为广东经济发展的"四小虎",在"工业强市"战略和外向经济发展模式下,相对粤北地区而言,中山市政府和企业都更加关注技术引进和研发投入,研发作为经济增长的投入要素也相对比粤北等地区发挥更明显的作用。而以上的实证结果正好验证了这一结论。

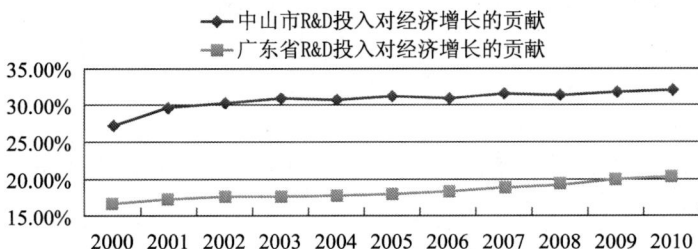

图 2 – 5　中山市和广东省 R&D 投入对经济增长贡献的对比分析

　然而,广东省中的广州市、深圳市和东莞市等研发投入都远远高于中山市。从图 2 – 6 中看出,2000 ~ 2010 年期间中山市 R&D 投入占 GDP 的比重基本低于广州,且波动较大。中山市 R&D 投入的波动大反映出中山市相对广州市而言 R&D 投入具有不稳定性和非持续性。而与上海比较,2000 ~ 2010 年期间中山市 R&D 投入强度一直远低于上海市 R&D 强度,且波动性更大(上海市 R&D 投入强度十年间基本呈直线上升趋势)。这说明,中山市 R&D 投入与国内先进城市相比,不仅差距大,而且表现出不稳定性和非持续性。

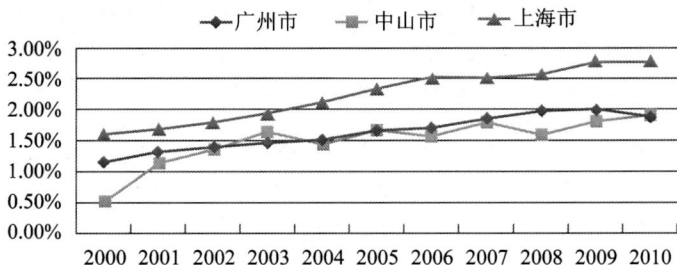

图 2 – 6　中山市、广州市和上海市 R&D 投入强度的对比

综合以上实证研究的结论,可以看出,近十年来中山市研发投入对经济增长的贡献呈不断增加的趋势,且与广东省平均水平相比处于相对领先的地位,但中山市的 R&D 投入和广州、深圳等城市相比不仅总量上较小,而且表现出较多的波动性和不稳定性,从而在一定程度上反映出中山市 R&D 对经济的贡献和广州、深圳之间还存在差距。

三、R&D 投入对中山市产业结构优化升级的贡献分析

经济发展的要求决定着产业结构的演进,而产业结构的演进又标志着经济发展的不同水平。产业结构的调整和优化升级,是推动经济发展的重要因素之一,从一定意义上讲,经济发展正是通过产业结构的优化升级实现的。随着经济的不断发展,产业结构表现为不断从低层次结构向高层次结构的变化,即所谓的产业结构高级化;同时,各产业之间以及各产业的部门之间,也保持着较为协调的关系,即所谓的产业结构合理化。产业结构的高级化和产业结构的合理化共同构成了产业结构优化升级的内容。

产业结构优化升级的核心是社会生产技术基础更新所引发的产业结构的改进,即由于新技术的开发、引进、应用、扩散,引起高新技术产业发展和传统产业的更替、改造。因此,产业结构的优化升级是以技术创新为前提的,而技术创新与 R&D 活动息息相关。

1. R&D 投入对产业结构优化升级的影响

R&D 投入会带动自主创新的发展,而自主创新会促进各产业间的合理比例关系,这是因为自主的科技创新会推动产业链的自我完善,逐步改进和更新现有产业部门,并依照产品生命周期规律淘汰不适合于社会需要、技术落后、生产率低下的部门,推动各产业向

更高的层次演变。

（1）R&D 投入对三次产业结构的影响

由于不同产业的经济技术基础和"技术机会"不同，R&D 投入在不同产业之间差距很大，R&D 投入对三大产业的技术进步和创新的影响也不同，从而 R&D 对不同产业的发展也会有巨大差异。这种差异可以通过劳动生产率的差异反映出来。那些劳动生产率高、社会必要劳动时间低于整个社会的平均必要劳动时间的行业（行业内的企业情况也是如此），就会获得更多的利润，从而导致生产要素向该行业流动，促使该产业更快的发展、扩大，最终导致产业结构发生变化。相对于农业（生产经营的特殊性）而言，工业、服务业的 R&D 投入一般更多，技术创新和进步也会相对更快，劳动生产率一般上升得也更快一些，产业发展也会更明显。这样，产业结构就可能呈现出"一、二、三"顺次演进的趋势。

（2）R&D 投入对产业内部结构的影响

R&D 投入不仅会改变三次产业之间的结构，也会影响产业内部的结构。在 R&D 投入和技术革新的过程中，随着新的材料、能源、技术设备和工艺流程的问世，新兴产业部门不断出现。随着传统产业的改造和新兴产业的不断涌现，一些落后的产业由于设备陈旧、工艺落后、劳动生产率低、产品成本高，不符合社会需求，在市场上逐步失去竞争能力，最终被淘汰。产业结构正是通过技术的不断创新，实现对传统产业的改造、新兴产业的兴起和落后产业的淘汰来实现产业结构的优化和升级。

R&D 投入促进农业劳动对象的改造，提高农业机械化水平，使得农业内部的种植业、林业、牧业、渔业的劳动生产率发生了变化，农业新品种不断出现，引起了人们对农产品需求结构的变动，使得农业内部的各个产业部门所占的比重发生了很大变化。

R&D 投入会促进工业结构优化升级,主要是通过改造和提升传统产业和发展高新技术产业来实现的。R&D 投入带来的自主创新促进了传统产业的改造,并使不同行业出现融合趋势。这种现象在新的基于 ICT(Information and Communication Technologies)的技术——经济范式下,表现得更为明显。

服务业的发展本质上源自于经济发展、社会进步、社会分工的专业化等需求,R&D 投入、技术创新改造了传统服务业和基础性服务业,促进了新兴服务业的出现,加快了由生产型经济向服务型经济的转变,从而形成了服务业与自主创新的良性互动。

2. 中山市 R&D 投入与产业结构关系的实证研究

(1)中山市产业结构演进趋势

从前面的图 1-3 可以看到,2000～2010 年期间中山市三次产业的比例总体趋势是:一产比重有所缩小,二产比重呈增大趋势,三产则是先增加后减少。同时,中山市的产业结构也显示出三产比重较低的特点。从产业结构的变化的角度看,2000～2010 年中山市的产业演进经历了两个阶段。

第一阶段(2000～2004 年),中山市产业结构经历了一个快速变化的过程。在此期间,中山市第一产业增长速度在 5% 以下且相对平稳,第二产业的增长速度基本在 20% 以上且呈上升趋势,而第三产业的增长速度在 10%～15%,也表现出增长速度加快的趋势。第一产业增长速度最小,第二产业增长速度远大于第一产业和第三产业的增长速度。

第二阶段(2005～2010 年),由图 2-7 可知,在此期间,中山市第一产业的增速仍在 5% 以下且相对平稳,第二产业和第三产业增长速度都有所趋缓,但第三产业的增速大于第二产业。

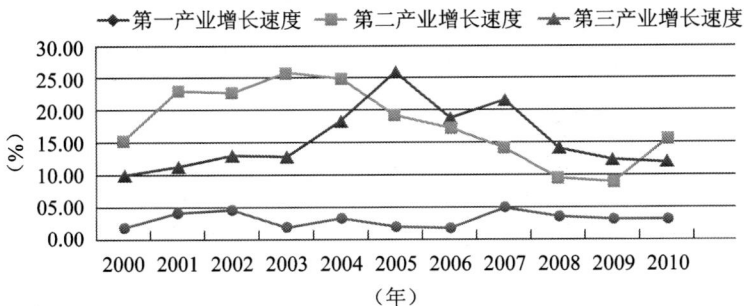

图 2 – 7　2000 ~ 2010 年中山市三大产业产值增长速度

　　综合起来看,2000 ~ 2010 年中山市第一产业的产值比重下降很快,相对于广东省和全国的水平而言,中山市第一产业比重已经比较低,产业结构较为合理。从第二产业看,中山市第二产业产值比重保持相对稳定,期间有先上升后下降的趋势;相比广东其他城市,中山的第二产业比重相对偏高,说明中山市的产业结构中,工业作为主导产业的特点比较明显。中山市第三产业的产值比重在 2000 ~ 2010 年期间则是先降后升,2003 年下降到 32%左右,相对而言是一个偏低的水平。和全国水平(33.1%)相比有较大差距。

　　下面我们用国际上应用较多的赛尔奎因、钱纳里模式来评价中山市的产业结构状况(见表 2 – 3)。赛尔奎因 – 钱纳里模式反映了经济结构中的一般性规律,尽管当时的情况与中山市的情况不尽相同,但对中山市产业结构研究仍有一定的指导意义。

　　经过购买力折算,中山市 2010 年人均 GDP 为 3233 美元(1980年价),处于赛尔奎因 – 钱纳里模式的第 5 阶段与第 6 阶段之间。而中山市 2010 的第一产业产值比重为 2.8%,第二产业产值比重为58.0%,而第三产业产值比重则为 39.2%,与该模式下的标准相比,可以发现中山市第二产业比重相对偏高,而第三产业比重低于应有的水平。

表2-3 赛尔奎因—钱纳里模式下的产业结构

阶段	人均GDP (1980年美元)	GDP产业构成(%)		
		第一产业	第二产业	第三产业
1	<300	48	21	31
2	300	39.4	28.2	32.4
3	500	31.7	33.4	34.9
4	1000	22.8	39.2	37.8
5	2000	15.4	43.4	41.2
6	4000	9.7	45.6	44.7
7	>4000	7.0	46.0	47.0
中山	3233	2.8	58.0	39.2

资料来源:钱纳里、鲁宾逊,《工业化和经济增长的比较研究》,上海三联书店,1989.

由于长期以来的"工业强市"战略,导致第二产业发展过快,产业结构中存在很多不合理的成分,第二产业比重偏高而第三产业发展滞后。从区域经济长期发展来看,如果三次产业发展协调不好,任由第二产业超速发展,将导致资源投向长期侧重于第二产业,引起资源供应、交通、物流等诸多问题。同时,第三产业的偏弱,将导致中山整体发展效率的下降,第三产业无法为第二产业提供足够的服务和保障,第二产业的发展也必将受到相当的制约。因此,中山将来的产业发展方向,应该在遵循客观经济发展规律的情况下,逐步从"二、三、一"向"三、二、一"的产业结构发展。

（2）中山市 R&D 投入与产业结构的灰色关联度分析

本部分将研究 R&D 投入对产业结构的贡献。由于 R&D 与产业结构的相关性问题的机制较为复杂，相关数据较少，因此本文采取适合研究"小样本"、"贫信息"不确定性系统的灰色系统理论来进行研究。

灰色系统理论主要通过对"部分"已知信息的生成、开发，提取有价值的信息，实现对系统运行行为、演化规律的正确描述和有效监控。灰色关联分析法是灰色系统理论的重要组成部分，是分析灰色系统中各因素关联程度的一种定量分析方法。它描述了系统发展过程中各因素间相对变化的情况，如果在系统发展过程中两者相对变化基本一致，则认为两者关联度强；反之，两者关联度就弱。

应用"灰色关联度"方法的主要步骤：

①确定分析数据列

首先要选定系统特征行为序列，通常记为 X_0，可表示为：

$$X_0 = (x_0(1), x_0(2), x_0(3), \cdots, x_0(n))$$

其次要选定相关因素行为序列，记为 $X_1, X_2, X_3, \cdots, X_n$，可表示为：

$$X_i = (x_i(1), x_i(2), x_i(3), \cdots, x_i(n))$$

②对变量因素进行初值化处理

对数据进行无量纲化和初值化处理。经变换后的系统特征行为序列记为：

$X_0' = X_0(t)/X_0(1)$

经变换后的相关因素行为序列记为：

$$X_i'(t) = X_i(t)/X_i(1), i = 1, 2, \cdots, n, t = 1, 2, \cdots, n$$

③求对应差数列

M 记为两级最大差，m 记为两级最小差；

$$M = \max_i \max_k |x_0(k) - x_i(k)|, m = \min_i \min_k |x_0(k) - x_i(k)|$$

④计算灰色关联系数

$$r(x_0(k) - x_i(k)) =$$

$$\frac{\min_i \min_k |x_0(k) - x_i(k)| + \zeta \max_i \max_k |x_0(k) - x_i(k)|}{|x_0(k) - x_i(k)| + \zeta \max_i \max_k |x_0(k) - x_i(k)|}$$

其中，ζ 称为分辨系数，作用是提高关联系数之间的差异显著性，$0 < \zeta < 1$。

⑤计算灰色关联度。系统特征行为序列与相关因素行为序列之间的灰色关联度为

$$r_i = \frac{1}{n} \sum_{k=1}^{n} r_i(k)$$

鉴于数据的可得性和分析比较的科学性，本文选取 2000～2010 年中山市、广州市、广东省和全国的 R&D 投入强度与第一、二、三产业及工业产值占 GDP 的比例为样本数据，所涉及的数据均来源于《中国统计年鉴》、《中国科技统计年鉴》、《广东省统计年鉴》和《中山市统计年鉴》，其中中山市的 R&D 投入数据来源于本文的测算（见图 2 - 1）。

利用灰色关联度的方法进行分析时，以 R&D 投入强度序列为特征序列，记为 X_0；以第一、二、三产业和工业产值占其国内（地区）生产总值的比例为相关因素序列，分别记为 X_1，X_2，X_3 和 X_{21}，利用灰色关联度计算出中山、广州市、广东省和全国 R&D 强度与三大产业和工业的灰色关联度，分别记分为 R_1，R_2，R_3，R_{21}，如表 2 - 4 所示。

表 2 – 4　2000 ~ 2010 年各地区 R&D 强度与各产业的灰色关联度

地区	R&D 强度与第一产业的灰色关联度 R_1	R&D 强度与第二产业的灰色关联度 R_2	R&D 强度与工业的灰色关联度 R_{21}	R&D 强度与第三产业的灰色关联度 R_3
中山市	0.5178	0.7386	0.8271	0.6973
广州市	0.5287	0.7149	0.7938	0.7635
深圳市	0.5313	0.7324	0.7765	0.7839
广东省	0.5491	0.6827	0.7384	0.7248
全国	0.5037	0.6653	0.7852	0.6941

从表 2 – 4 的计算结果看出,中山市 R&D 强度与第一产业、第二产业、工业和第三产业的灰色关联度分别为 0.52,0.74,0.83 和 0.70,即 $R_{21} > R_2 > R_3 > R_1$。由此可知,中山市 R&D 投入对工业影响最大;在三大产业中,R&D 投入对第二产业影响最大,其次是第三产业,对第一产业的影响最小。

这一测算结果与中山市的"工业强市"战略相吻合。自 1999 年提出"工业强市"战略以来,中山市工业得到了巨大的发展,工业占第二产业的比重有了较大提升(从 2001 年的 92.02% 到 2010 年的95.15%),工业在中山市经济发展中起了重要作用。而工业一般技术更新快,需要大规模的研发投入,在"工业强市"的战略背景下,中山市的 R&D 经费可能更多地向工业倾斜,因此,R&D 投入对工业和第二产业的影响相对较大。此外,R&D 投入强度和第三产业的灰色相关度也较大,表明中山市研发对第三产业发展也有较大影响。

在广东省的三个市中,R&D 与第一产业灰色关联度中山市最小,深圳市最大;R&D 与第二产业灰色关联度广州市最小,中山市最大;R&D 与工业灰色关联度深圳市最小,中山市最大;R&D 与第三产业灰色关联度中山市最小,深圳市最大。由此说明,与广州市和深圳市相比,中山市 R&D 的主要影响还是在工业领域,对第三产业的影响还相对较小。中山市 R&D 经费总额和 R&D 投入强度都明显低于广州市和深圳市,在有限的 R&D 投入下,其主要投向和影响基本在第二产业,和相对丰富的 R&D 投入的广州市和深圳市比,R&D 对包括科教文化、信息技术和现代服务业在内的第三产业还没起到很好的作用。

与广东省相比,中山市 R&D 与第一产业的灰色关联度及 R&D 与第三产业的灰色关联度均低于广东省,而 R&D 与第二产业的灰色关联度及 R&D 与工业的关联度中山市均高于广东省。综上可以看出,中山市 R&D 投入对产业结构的作用在全省居于中等位置,和 R&D 投入先进的广州市和深圳市还有些差距。但从全国层面来看,中山市的 R&D 投入与第一、二、三产业及工业的灰色关联度均高于全国平均水平,说明中山市 R&D 投入对其产业结构的优化升级作用基本领先于全国平均水平。

因此,为了更好地推动产业优化升级,中山市应该更加重视研发投入,提高研发投入总量,并在总量得到保证的基础上注重研发投入的结构,重视对科教文化、金融业和现代服务业的研发投入,以使得 R&D 对第三产业的推动作用向广州、深圳等先进城市靠拢。

四、R&D 投入对高新技术企业的影响

高新技术产业的产业关联度大,就业吸纳能力强,对经济增长的贡献度大,需求收入弹性高,发展迅速。据联合国工业发展组织的统计,世界总产值有 70% 以上与电子信息技术有关,对信息产业

投入 1 元,可以对国民经济其他部门激发出 7 元以上的产出。高新技术产品的广泛应用性,适合消费者消费结构升级和生产者的需要。以信息科学技术为核心的高新技术的产业化,是推动经济发展的战略制高点。通过原始创新和集成创新,大力发展电子信息产业、生物工程、新材料、新能源、航空航天等高新技术产业,使其真正成为带动经济增长和产业升级的新增长点,可以提高经济增长的质量,并实现资源的合理配置。

为了更具有现实指导意义,我们采用高新技术企业作为研究对象。所涉及的企业是经认定的省级和国家级高新技术企业。建立面板数据的回归模型如下:

$$\pi_{it} = \alpha_i + \beta_1 RD_{it} + \beta_2 H_{it} + \varepsilon_{it}$$

其中,π_{it} 为高新技术企业的利润,i 表示企业,t 表示时间,RD_{it} 为企业 i 在 t 年的研发投入总额,H_{it} 为企业的人力资本。

为了消除企业规模不同对回归结果的影响,实际回归时,π_{it} 用企业的年利润总额与其资产规模的比例表示,RD_{it} 用企业年研发投入总额与企业资产规模的比例表示,H_{it} 用本科以上员工占总员工的比表示。

所有数据来源于企业问卷调查,实际操作中去除了填写不完整和不规范的问卷,并选取经认定为省级以上高新技术企业的问卷作为样本。采取变截距的面板数据模型。选取的样本期是 2006 ~ 2011 年,截面单元为中山市 33 个高新技术企业,样本点共 $33 \times 6 = 198$ 个。

首先对模型进行豪斯曼检验以确定采用随机效应模型还是固定效应模型,豪斯曼检验的卡方统计值为 3.6962,相应的 P 值为 15.75%(见附录 1:部分计量分析结果),因此不拒绝原假设,采用随机效应模型。随机效应的面板数据回归结果如表 2 - 5 所示。

表 2 – 5　面板数据模型回归结果

	回归（1）	回归（2）
公共截距 C	0.0523（2.3237）**	0.0606（3.6364）***
研发投入 RD	0.4754（2.7331）***	0.4740（2.7075）***
人力资本 H	0.0536（0.5344）	——
R^2	0.0380	0.0362
F 值	3.8562	7.3571
$D - W$	1.8663	1.8647

表中括号内为 t 值，其中 *** 表示在 1% 显著水平下显著，** 表示在 5% 显著水平下显著。

　　表 2 – 5 中回归（1）解释变量包括研发投入 RD 和人力资本 H，回归（2）中解释变量不包括人力资本 H。由表 2 – 5 可知，无论是回归（1）还是回归（2）研发投入的系数都为正且高度显著（在 1% 显著水平下），说明企业的研发投入确实对其利润有正向促进作用（见附录 1：部分计量分析结果）。人力资本的回归系数为正，但不是很显著，说明人力资本对企业利润有正向作用，但在样本范围内没有表现出明显的显著性。整体来看，模型包括人力资本项 H 时的回归效果较理想，即采用回归（1）结果相对更理想（通过加入控制变量、采用更精确的数据可能会使回归结果更理想，但由于数据限制，本文没有这么做）。

　　由回归（1）知，高新技术企业年研发投入占资产的比重每提高一个百分点，就会导致利润占资产的比重提高 0.48%，说明 R&D 投入对企业的营利能力有着很大的影响。此外，本科以上员工的比例每提高一个百分点会带来企业利润占资产的比重提高 0.054%，反映出人力资本对企业的营利能力也有一定影响。

以上实证结果验证了我们在前面提出的研究预期:企业研发投入对企业盈利能力有正向促进作用,企业的人力资本水平也会对其盈利能力产生正向作用。因此,政府应该采取税收优惠或补贴及创造良好市场环境等引导激励企业加大研发投入,特别是高新技术企业,以提升企业的竞争力和盈利能力。此外,政府也应该加大教育投入培养高技能人才,并且尽可能创造适合高素质尖端人才工作生活的区域环境以利于企业引进高端人才,提高企业的员工素质和人力资本水平。

五、小结

本部分从理论和实证的角度详细地研究了中山市 R&D 投入对其经济发展的贡献,分别探讨了 R&D 投入对中山市经济增长、产业结构优化和高新技术的贡献和影响。总结起来,可以得出以下主要结论。

1. 2000 ~ 2010 年中山市 R&D 投入的产出弹性为 0.4199,大于资本和劳动的产出弹性;在此期间 R&D 投入对经济增长的贡献基本上处在 26% ~ 32% 之间。总体上,在此期间研发投入对经济增长的贡献度呈上升趋势,这说明中山市近年来重视研发创新的成果有所呈现。就 R&D 投入对经济增长的贡献而言,中山市领先于广东省平均水平。

2. 2000 ~ 2010 年期间中山市三次产业的比例总体趋势是:一产比重有所缩小,二产比重呈增大趋势,三产则是先增加后减少。从 R&D 投入与产业结构的关系来看,对第二产业影响最大,特别是对工业影响显著。并且,中山市的 R&D 投入对其产业结构的优化升级作用领先于全国平均水平,但在全省居于中等位置,与广州市和深圳市还有些差距。

3. 基于企业层面的研究表明,高新技术企业年研发投入占资产的比重每提高一个百分点,就会导致利润占资产的比重提高 0.48%,本科以上员工的比例每提高一个百分点会带来企业利润占资产的比重提高 0.054%。由此看出,企业研发投入对企业盈利能力有正向促进作用,企业的人力资本水平也会对其盈利能力产生正向影响。

第3部分 2001~2011年中山市R&D 活动存在的主要问题

从第二部分的定量分析可以看到,近年来中山市研发投入对经济增长的贡献度呈上升趋势,但研发投入水平相对较低且不稳定。随着国内外环境的变化,R&D的重要性与日俱增,中山在研发实践中的许多问题和不足逐步彰显。

一、企业方面

根据迈克尔·波特的钻石理论和美、日以及欧洲各国发展经验,生产要素是影响企业创新、决定产业发展的重要因素,适度的、相对不利的生产要素环境有利于推动企业从事创新活动。实践中,在资源、能源、劳动力、自然环境等初级生产要素相对充裕的地区或发展时期,企业创新活动相对不活跃;而资源和能源相对不足、劳动力成本上升、环境压力加大等不利要素环境,往往能逼迫企业走上创新道路。当前珠三角地区经济发展迅速,中山市在珠三角地区面临着较大的发展压力,大部分企业不得不与深圳、东莞的企业竞争。尽管中山市各类企业创新意识较强,大部分都有明确的创新规划,但总体而言,中山市企业自主创新能力仍然不足,产业结构优势不够突出。以中山市电子信息产业为例,其产值很大,但增加值率不高,缺乏拥有自主知识产权的关键技术和产品,硬软件比例一大一小,大部分企业规模较小,无法形成完整的产业链和高效的产业协同效应。

1.创新动力不足

中山市以中小型私营企业居多,而研发投资风险较大,不确定因素较多,企业对风险掌控能力较弱,导致部分企业缺乏创新热情,创新动力不足。在样本企业中,风险太大和周期太长是企业不愿开展研发的主要原因(见图3－1)。

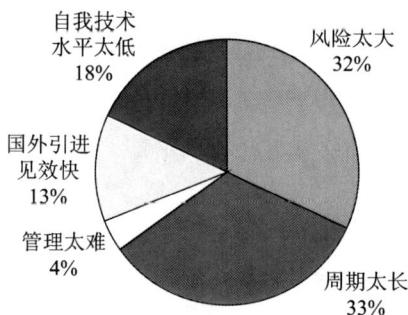

图3－1　样本企业不愿开展研发活动的原因

具体来说,导致企业创新动力不足的主要原因有以下两个方面:一是产业发展尚未到位。从中山市的情况来看,产业环境总体有所改善,但刺激和拉动创新的效应却不明显。很多产业集群内低端企业过多、有系统集成和产业链领导能力的大型企业过少、生产性服务业发展缓慢,还没有形成上下游相互提升、竞争压力层层下传的集群创新机制。二是知识产权保护不到位。中山市的私营企业目前从事的大都是传统产业,其核心技术早已不是太大的秘密,由于知识产权保护不够,许多企业的研发成果很快就被其他企业模仿,享受高额利润的时间短,研发投入得不到应有回报,同时创新需要大量投入,因此在中山市的企业中,"不创新等死,一创新找死"

这种心态相当普遍。

2.研发主体地位需进一步确立

确立企业在研发与创新中的主体地位是提高自主创新能力的根本途径。企业在研发创新中的主导作用集中体现为:它是研发活动风险的承担者,同时也是利益的最大享用者。因此,企业在研发活动中的主体地位应该体现在研发投入的主体、研发执行的主体以及研发产出的主体三个方面。

(1)企业在研发投入中的地位

企业在研发投入中的地位可以从相对地位和投入强度两个方面进行分析,相对地位可以用企业研发经费投入占全部研发经费的比重来衡量,投入强度可用企业研发活动经费支出占企业销售收入(或主营业务收入)的比重来衡量。

由表3-1可以看到,虽然中山市 R&D 经费来源中,企业资金所占比例高达94%,但是企业 R&D 活动支出仅占其主营业务收入的0.78%,低于广东省的整体水平。

表3-1 2009年不同地区企业的研发投入比较

地区	企业资金占比(%)	企业 R&D 支出/主营业务收入(%)
广州	75.04	0.79
深圳	94.16	1.77
佛山	96.32	0.56
东莞	90.48	0.69
中山	94.12	0.78
广东	88.51	0.82

数据来源:广东省第二次全国 R&D 资源清查领导小组办公室《广东省第二次全国 R&D 资源清查统计资料汇编(2009)》。

（2）企业在研发执行中的地位

衡量企业在研发执行中的相对地位主要从企业 R&D 活动人员及 R&D 执行经费占该地区总量的比重来分析。由表 3 - 2 可以看到，从研发人员投入来看，中山市企业已成为研发活动的组织主体。

表 3 - 2　2009 不同地区企业 R&D 活动人员占 R&D 人员总量的比重

地区	R&D 活动人员全时当量（人年）		比例（%）
	工业企业	地区总量	
广州	34055	65822	51.74
深圳	110989	123651	89.76
佛山	20879	21908	95.30
东莞	17191	18524	92.80
中山	14312	14733	97.14
广东	228870	283613	80.70

数据来源：同表 3 - 1。

但是评判企业是否成为研发活动的执行主体，除了分析相对指标之外，还必须分析强度指标。我们采用每万名劳动力中 R&D 研究人员来分析企业从事 R&D 活动人员的总体强度（见图 3 - 2）。由图 3 - 2 可以看到，目前中山市每万名劳动者中 R&D 研究人员的数量仅为 23.41 人，尚未达到广东省的平均水平，与广州、深圳等城市相比更是差距明显。

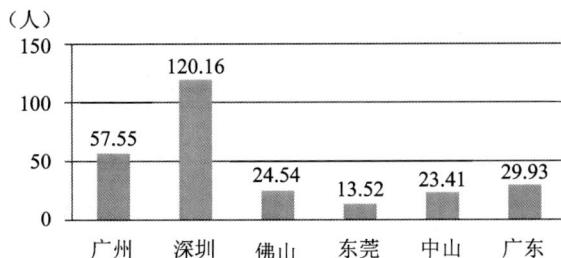

图 3 - 2 2009 年不同地区每万名劳动者中 R&D 研究人员的数量

数据来源:同表 3 - 1。

（3）企业在创新产出中的地位

从工业企业研发产出的相对值来看,中山市企业在研发产出中明显处于主体地位,各项相对指标都高于其他城市以及广东省平均水平(见表 3 - 3)。但是从工业企业研发产出的绝对值来看,中山市各项指标水平均低于其他城市(见表 3 - 4)。中山市企业在创新产出中相对地位较高,可能与中山市高校、科研院所相对较少有关。

表 3 - 3 2009 年不同地区工业企业研发产出占研发总产出的比重

单位:%

指标\地区	专利申请数	其中:发明专利	有效发明专利数	专利所有权转让及许可数	专利所有权转让与许可收入	发表科技论文
广州	51.05	34.82	24.73	43.30	7.41	3.47
深圳	95.28	95.23	96.25	94.57	39.02	12.21
佛山	97.25	96.10	96.68	96.11	99.70	19.10
东莞	92.68	88.58	83.94	89.04	99.41	25.44
中山	99.03	98.69	97.25	99.80	100.00	68.38
广东	89.91	87.23	80.93	89.21	42.09	5.57

数据来源:同表 3 - 1。

表3-4 2009年不同地区工业企业研发产出的绝对值

指标\地区	专利申请数(件)	其中:发明专利(件)	有效发明专利数(件)	专利所有权转让及许可数(件)	专利所有权转让与许可收入(万元)	发表科技论文(篇)
广州	3501	1282	1642	152	575	1936
深圳	33045	22478	19740	1584	14626	546
佛山	4846	1158	2011	173	1006	323
东莞	4571	807	695	203	3197	316
中山	2552	451	779	504	1135	199
广东	54922	27768	27476	2820	21971	4325

数据来源:同表3-1。

通过对企业在研发创新的投入、执行和产出三个方面的分析,可以得出以下结论:中山市的企业尚未真正确立在中山市创新体系中的主体地位,企业主体地位的确立将是中山市构建城市创新体系中的关键任务。

3. R&D投入强度有待加强

R&D投入强度,反映出一国在推动自主创新方面的投入和努力,发达国家普遍在2%以上,欧盟27个国家更是设定了3%的目标。2005年发表的《中国的和平发展道路白皮书》指出,中国力争到2020年使R&D投入强度增加到2.5%左右。根据《广东中长期科技发展规划纲要(2006~2020年)》,全省目标在2010年实现R&D投入强度达到2%,到2020年将达到2.8%。中山市的R&D投入强度已远超全国和广东省水平,但距离《广东中长期科技发展规划纲要》提出的2.8%的目标还有一定差距(见表3-5)。

表 3 - 5　R&D 投入强度对比

地区	2009 年	2011 年
全国	1.70%	1.84%
广东	1.65%	1.85%
中山	1.82%	2.10%

数据来源：国家统计局《中国统计年鉴 2012》，中国统计出版社 2012 年；广东省统计局《广东统计年鉴 2012》，中国统计出版社 2012 年。

从 R&D 活动经费支出情况看，中山市 R&D 经费支出的绝对额较低（见图 3 - 3）。中山市的企业以私营企业为主，其经营完全按照市场规律运作。企业为了占领市场，保持自身的生存和发展，都比较重视自主创新研发活动，但由于自身企业规模限制和资金约束等原因，大部分企业的研发投入强度不足。

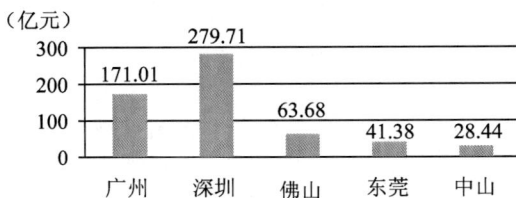

图 3 - 3　2009 年 R&D 活动经费支出情况

数据来源：同表 3 - 1。

从图 3 - 4 可以看到，2010 年中山市工业企业的总体研发投入强度偏低，制造业中大多数行业的研发强度都低于 1%，在中山市 26 个有研发活动的制造业行业中，仅有 6 个行业的投入强度超过 1%。

（%）

2.0
1.8
1.6
1.4
1.2
1.0
0.8
0.6
0.4
0.2
0.0

通信设备、计算机及其他电子设备制造业　石油加工及炼焦及核燃料加工业　造纸及纸制品业　专用设备制造业　食品制造业　电气机械及器材制造业　化学原料及化学制品制造业　文教体育用品制造业　非金属矿物制品业　木材加工及木、竹、藤、棕、草制品业　通用设备制造业　医药制造业　金属制品业　仪器仪表及文化、办公用机械制造业　有色金属冶炼及压延加工业　塑料制品业　饮料制造业　皮革、毛皮、羽毛（绒）及其他制造业　工艺品及其他制造业　交通运输设备制造业　印刷业和记录媒介的复制　纺织服装、鞋、帽制造业　黑色金属冶炼及压延加工业　农副食品加工业　纺织业

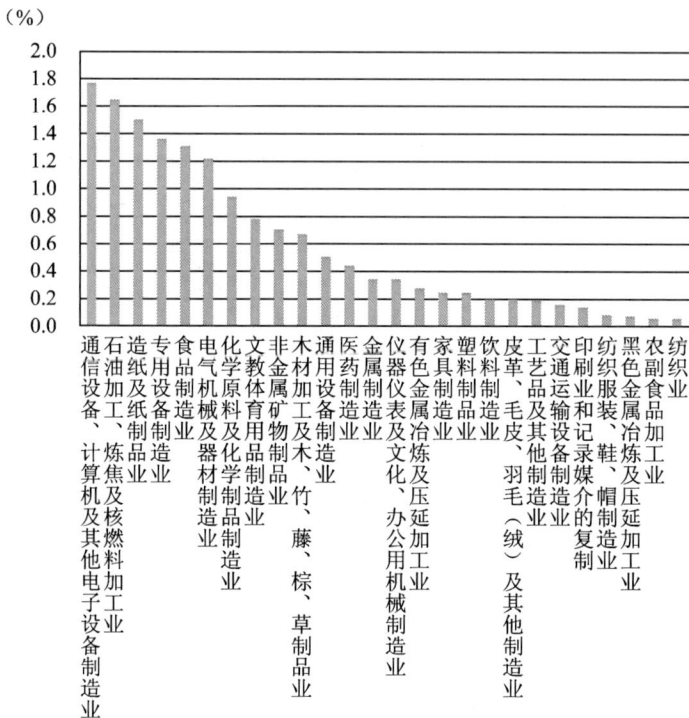

图3-4　2010年中山市制造业各行业 R&D 经费投入强度

数据来源：同表3-1。

目前,不少重点企业集团"为了申请专利而研发",以申请专利数的多寡为主要竞争指标,却忽视了研发成果产业化环节。例如,中山市 LED 企业在新产品开发上投入了大量的资金,但开发出新产品以后,其产业化和推广难度却很大,因此企业对于进一步加大研发强度望而却步,因而有意控制甚至减少研发投入。与此同时,由于消费意识、消费习惯等因素的制约,传统消费观念难以一时转变,导致新产品推广难度大,特别是传统产业的新产品。因此新产

品市场的培育不但需要时间,而且充满不确定性,这直接影响到企业研发投入强度。

二、政府方面

中山市各级政府在 R&D 活动中较为缺位。主要表现为在一些重大领域的技术创新中政府未能有效分担相应风险,未能给本市企业提供足够的创新机会,未能提供完善的研发环境。

1. 研发资金支持力度不足

中山市政府虽然设立了产业支持基金和一些专项基金,但企业要得到这些基金有一定的难度。特别是那些从事新型产业的企业,由于研发投入的项目往往风险较高,政府对它们的资金资助意愿并不强。同时,中山市政府研发投入专项支持基金数额较少,中山市出台了《科技发展专项资金管理办法》,并于 2012 年安排市科技发展专项资金 6000 多万元。而东莞市在"十二五"期间,将每年拿出 20 亿元的"科技东莞"工程专项资金,集中投向优势产业链上的龙头企业和发展势头较好的新兴企业。此外,很多情况下,政府投入资金未能及时到位。企业向政府申报技术创新与技术改造项目审批手续较为繁琐、周期较长,企业需自己先行投入,造成巨大的资金压力。

就绝对值而言,较之周边城市,中山市政府投入的科技活动资金明显不足,R&D 内部经费支出中政府来源部分不及佛山和东莞的 1/10,与广州、深圳更是差距巨大(见表 3 – 6)。

表 3－6　2009 年 R&D 活动经费内部支出及来源构成

单位:亿元

地区	政府资金	企业资金	国外资金	其他资金	合计
广州	33.959	128.325	1.016	7.705	171.005
深圳	13.038	263.380	2.045	1.249	279.711
佛山	1.904	61.337	0.277	0.160	63.678
东莞	2.206	37.446	0.670	1.062	41.384
中山	0.723	26.769	0.481	0.468	28.440
广东	57.293	577.965	5.397	12.327	652.982

数据来源:同表 3 - 1。

就相对值而言,中山市 R&D 活动内部经费支出资金中政府来源仅占 2.54%,支持力度较其他城市明显不足,并且严重低于广东省 8.77%的整体水平(见图 3 -5)。

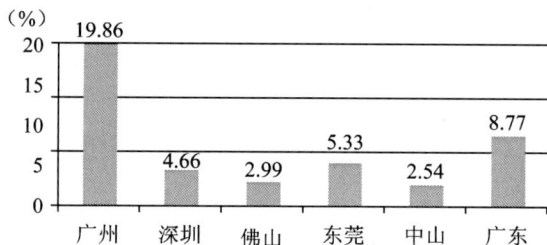

图 3 - 5　2009 年 R&D 活动经费内部支出中政府来源的比例

数据来源:同表 3 - 1。

2.研发投入结构有待优化

中山市在研发投入结构上存在一定的不合理,一方面表现为基础研究和应用研究投入比重偏低,另一方面表现为产业共性技术研究不足。

（1）基础研究和应用研究投入比重偏低

中山市基础研究和应用研究的投入比重连续多年过低,研发投入结构的不合理影响了其核心创新能力。不管是投入的绝对值还是相对值,中山市与其他城市之间均存在较大差距。从研发经费来看,2009 中山市的基础研究经费内部支出不及东莞的 1/20、深圳的 1/300,应用研究经费不及东莞的 1/10、深圳的 1/40,基础研究和应用研究经费占 R&D 经费内部支出的比重均低于其他四个城市和广东省平均水平(见表 3 – 7)。

表 3 – 7　2009 年按类型分不同地区 R&D 经费内部支出

地区	基础研究		应用研究		试验发展	
	数额 (亿元)	比例 (%)	数额 (亿元)	比例 (%)	数额 (亿元)	比例 (%)
广州	11.268	6.59	20.918	12.23	138.820	81.18
深圳	0.683	0.24	2.944	1.05	276.084	98.70
佛山	0.116	0.18	0.465	0.73	63.097	99.09
东莞	0.050	0.12	0.957	2.31	40.377	97.57
中山	0.002	0.01	0.072	0.25	28.366	99.74
广东	13.029	2.00	29.651	4.54	610.303	93.46

数据来源:同表 3 – 1。

目前中山市有限的研发创新资源在基础研究、应用研究和试验发展三个方面的配置不尽合理,基础研究力量薄弱,原始性创新不足,难以形成自主知识产权与提高自主创新能力,长期来看,高新技术发展必将受到制约,影响技术结构和产业升级。

从研发人员来看,中山市从事基础研究和应用研究工作的人员绝对数量水平和所占比重均严重偏低(表 3 – 8)。

表3-8　2009年按类型分不同地区 R&D 活动人员全时当量

地区	基础研究		应用研究		试验发展	
	数量（人年）	比例（%）	数量（人年）	比例（%）	数量（人年）	比例（%）
广州	6799	10.33	10754	16.34	48272	73.33
深圳	590	0.48	2788	2.25	120272	97.27
佛山	152	0.69	510	2.33	21247	96.98
东莞	35	0.19	579	3.13	17907	96.68
中山	16	0.11	84	0.57	14633	99.32
广东	8677	3.06	18793	6.63	256144	90.31

数据来源:同表3-1。

（2）产业共性技术研究不足

产业共性技术是介于基础性研究与市场化产品开发之间的技术,在知识转化为生产力的过程中发挥着承上启下的作用,具有应用基础性、关联性、系统性、开放性等特点,是产业基础技术。相对于企业专有技术而言,它属于"竞争前技术",也是知识成果迈向应用的第一步。而中山市目前较为缺少从知识研究到产品开发之间的产业共性技术研究体系,在科学技术从产生到应用的整个链条中还存在一些认识误区,从而难以形成地区产业竞争力。

究其原因,主要体现在两个方面。

其一,目前的科技计划管理体制影响了产业共性技术的研究。以各类计划项目支持产业共性技术研究的模式缺乏系统规划和有力的组织实施,不能满足产业共性技术研究的长期性和连续性;二是共性技术相关的科技项目采用竞争模式、强调产品目标,使科研人员忙于申请项目、疲于应对检查,难以集中力量在一些关键的共性领域实现突破,导致产业共性技术供给严重不足。

其二,许多科研院所转制为企业后,属性不明,虽然经济效益有所提高,但为行业和其他企业提供公益服务的能力却大大削弱。如作为产业共性技术重要方面的标准和合格品评定,其研究与服务机构大多设在转制院所,企业为了防止暴露技术不愿送去检验和认证,造成许多检测与认证中心地位尴尬。许多没有经过实验验证的产品直接投放市场,造成了严重后果。

科学技术创新有其自身的发展规律,产业共性技术是基础科学知识和产品设计开发之间的桥梁纽带,也是支持自主创新和产业国际竞争力的给力点。直接将知识变成产品投放市场,既不符合科学规律,也不可能实现真正意义上的自主创新。产业共性技术研究这一中间环节的缺失和薄弱最终将导致核心竞争力的不足。要实现创新驱动和产业升级,产业共性技术必须落地。

3. 科技龙头企业培育不够

目前中山市政府对科技龙头企业的培育不够,特别是国家级高新技术企业和拥有自主创新能力、自主品牌的企业较少。

在样本企业中,国家级高新技术企业仅占 17.5%,拥有国家级企业技术中心的仅占 3%,国际和国内著名品牌之和仅占 28%(见图 3 - 6 样本企业商标与品牌建设情况)。

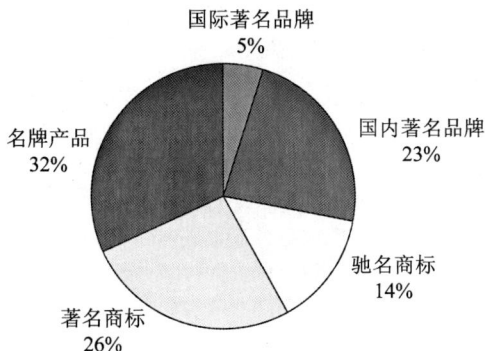

图 3 - 6　样本企业商标与品牌建设情况

龙头企业作为其他企业发展的动力和榜样,通过具有外部性的投资以及与其他企业之间的协作促进了集群内部资源的共享,通过与集群其他企业的交流合作实现知识在不同企业间的转移和扩散,通过不断创新形成"新鲜产业空气"从而带动其他企业的创新,通过品牌扩展并主导树立地区声誉为集群中其他企业提供了营销的依据。因此,支持龙头企业发展并鼓励其在集群中发挥领导角色,是提升产业集群整体竞争优势、促进产业集群不断演进的重要手段。

4. 科技服务建设亟待强化

科技服务体系对于自主创新水平的提升有很大的帮助,它可以作为一种黏合剂,促进企业之间建立合作关系,形成合力,还可以为企业提供技术、专利、法律、人才培训等服务,促进产业发展。中山市的科技服务建设仍然存在一些问题。

首先,科技服务平台的功能没有得到充分实现。一方面,平台信息共享机制需进一步加强。在信息资源共享方面,目前企业研发创新的主要信息来源是客户与消费者的需求信息(见图3-7),来自其他主体的信息则较少。公共科技服务平台还应更多地发挥信息平台作用,以更大程度实现行业内交流、企业与政府交流以及企业与高校和科研机构之间的交流等。另一方面,在帮助产业获得优秀适用的人才方面,中山市科技服务平台没有充分借助自己的技术、设备优势,进行专业性的信息技术应用培训以及企业高端定制培训等。

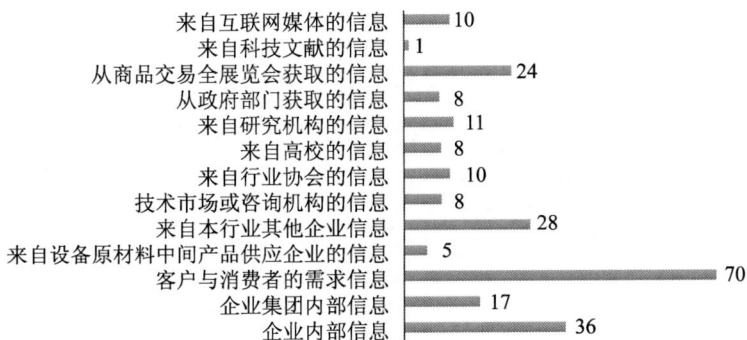

来自互联网媒体的信息　10
来自科技文献的信息　1
从商品交易全展览会获取的信息　24
从政府部门获取的信息　8
来自研究机构的信息　11
来自高校的信息　8
来自行业协会的信息　10
技术市场或咨询机构的信息　8
来自本行业其他企业信息　28
来自设备原材料中间产品供应企业的信息　5
客户与消费者的需求信息　70
企业集团内部信息　17
企业内部信息　36

图 3 - 7　样本企业研发创新的主要信息来源

其次,缺乏对科技服务平台的界定和明确的考核标准。由于政府对平台的认识还不全面,虽然中山市政府在建立平台方面做了大量工作,但是对平台的服务质量和水平如何、有多少个平台实现了规划建设的初衷、是否实现了预期的经济效益和社会效益等缺乏明确的判断依据。

最后,政府对公共基础设施的建设不足。中山市地处珠三角,与周边城市相比,中山市的城市配套设施建设在公交系统、道路设施、娱乐休闲等方面存在不足,在生活质量和便利程度等方面与深圳、东莞等周边城市有明显的差距,直接导致中山市对研发人才的吸引力相对较低。

三、市场环境方面

市场环境对企业研发活动也会产生重大影响。中山市在市场环境方面的问题主要包括融资结构有待优化、人才配套政策落实欠佳、产学研合作较少等。图 3 - 8 反映了阻碍企业研发活动的一些外部因素。

是　　否

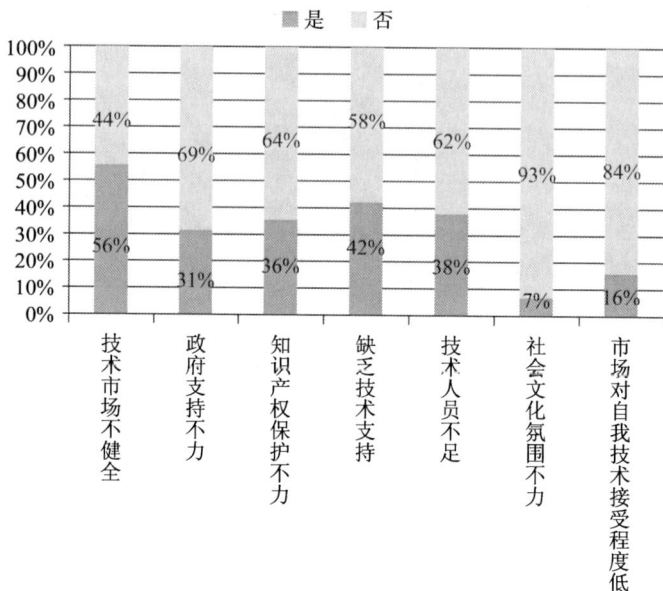

图3-8　阻碍样本企业进行研发的主要外部因素

1.科技融资渠道较为单一

中山市的中小企业提供了绝大部分的发明专利、技术创新和新产品开发,已经成为技术创新的重要力量和源泉。由于科技型中小企业在科技方面的实力较强,研发投入较大,对资金的需求较为频繁,留存利润难以跟上企业发展需求,需要保持融资渠道的畅通和融资成本的低廉。

金融作为现代经济的命脉,在支持促进中小企业发展方面发挥着不可替代的作用。金融发展能够满足企业开展 R&D 的外部融资需求,促进技术进步从而推动产业升级。应当通过加大体制机制创新力度,培育和完善金融服务体系,发展直接融资和间接融资,不断引导金融机构加大对中小企业研发活动的支持力度。

融资渠道的多样化与金融业的发展紧密相关。金融业不同于其他行业,金融创新要受到诸多的法律限制,而且审批环节复杂。中山作为地级市,在省金融业发展规划中定位层次不高,使中山在珠江三角洲地区金融创新竞争中处于不利地位。在《珠江三角洲产业布局一体化规划(2009~2020 年)》中,珠三角地区的金融服务主要以广州、深圳两个区域金融中心为主体,以佛山、东莞和珠海等城市为节点,形成"两中心、三节点"的总体空间布局。而中山市被定位为国家级先进制造业基地,金融业定位层次较低,主要是以城乡金融服务一体化综合改革试点为契机,加快建立城乡金融一体化服务体系。

2. 产学研合作有待深化

就样本企业而言,其研发方式主要是企业独立研究开发,产学研结合相对较少(见图 3 - 9)。

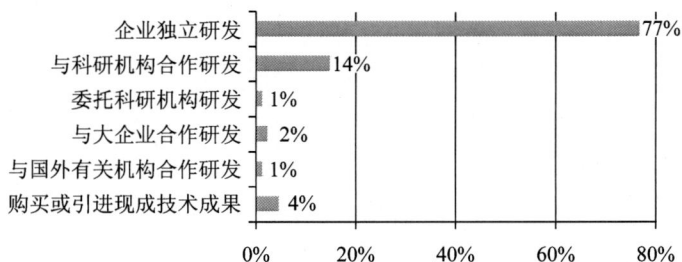

图 3 - 9   样本企业中研发的主要方式

在样本企业中,未与高校和科研院所开展研发合作主要是因为科研成果与市场需求存在差距、缺乏信息渠道和沟通平台、企业在合作中主动权较小等原因(见图 3 - 10)。

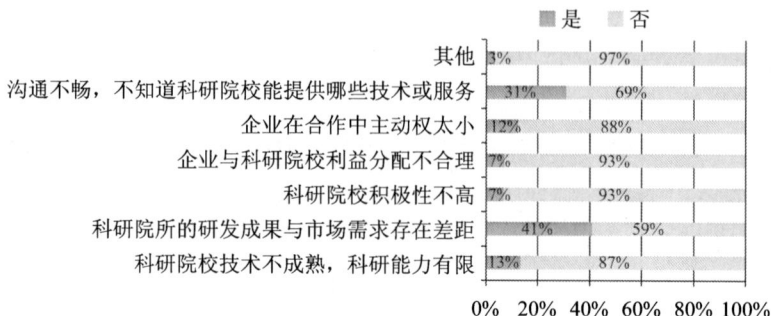

图 3 - 10　样本企业未与高校和科研院所开展研发合作的主要原因

综合来看,产学研合作不足,原因是多方面的。

首先,产学研合作中,成果难以转化。一方面,产学研结合中,企业和大学的合作观念存在一定的差异。在项目的选择上,高校研究人员偏向于有一定学术水平、有利于评奖评职称的"课题"进行"研究",但企业主要瞄准有市场需求的"项目"进行"开发"。这导致大量的科技成果由于缺乏市场需求难以推广,企业的科技需求也难以得到满足。在项目完成的标准上,科研机构认为样机做出来就算成功,而企业要求能够大批量生产才算成功(这在委托开发中体现得尤为明显)。研究单位在研制实验室样机时,往往不认真考虑成本和工艺,导致转化为批量生产时仍有相当大的风险。另一方面,产学研结合中,成果转化的"二次创新"不够。一些联合开发(委托开发)小试成功的项目,在投入批量生产时失败,这往往被归咎于研发方技术成果的不成熟,而"二次创新"对企业产学研成果转化的瓶颈问题被忽视。高校、研究机构完成的实验室样机可能在系统设计上不够完善,缺乏产品观念,不能成为价廉物美的产品,从而无法被企业界接受。出现这种状况的原因之一就是技术创新过程缺乏企业领域的人才衔接。因此,要想实现产学研的真正结合,不能单靠大学或研究单位的"交钥匙工程",企业还必须有相应的人才衔接和技术再创新。

其次,产学研合作中,存在一定程度的信息不对称。在样本中,中山市很多企业表示,希望政府加强信息共享平台搭建工作,多搞洽谈会等多种形式的牵线搭桥,这反映了企业寻找联合伙伴时信息搜寻的不经济,也表明产学研各主体间信息交流不充分,存在沟通障碍。

最后,产学研合作领导管理体系条块分割。一方面产学研各方都有自己的政府主管部门,政府各个职能部门都希望推进产学研结合,但又都希望保护自己所属基层单位的利益。另一方面经贸系统、科技系统、教育系统各自运行机制不尽相同,部门之间还没有形成有效的协作机制来共同推进产学研合作。

3. 高端人才较为缺乏

在与样本企业的座谈中,人才缺乏是企业普遍反映的问题。由于中山很多中小私营企业长期仅依靠自我摸索和实践谋求发展,自身规模较小,加上中山市的城市吸引力不足等原因,如何引进和留住高端人才是企业面临的共同问题。

在样本企业中,有 27% 的企业都认为高素质的技术创新人才是企业取得研发创新成功的主要因素(图 3 – 11),有将近 80% 的企业认为缺乏高素质技术人才队伍是阻碍企业研发的主要内部因素(图 3 – 12)。

随着全国各地竞相大开发、大发展,中山市政策优势、资源优势相对弱化,依靠市场自发驱动的状态越来越难以与我市加快转型升级的要求相适应,人才储备不足的问题越来越凸显。从表 3 – 9 2011 年工业企业科技创新人才情况可以看到,中山市 2011 年工业企业人才引进总数只达到东莞市的 1/3 左右。

是 ■ 否

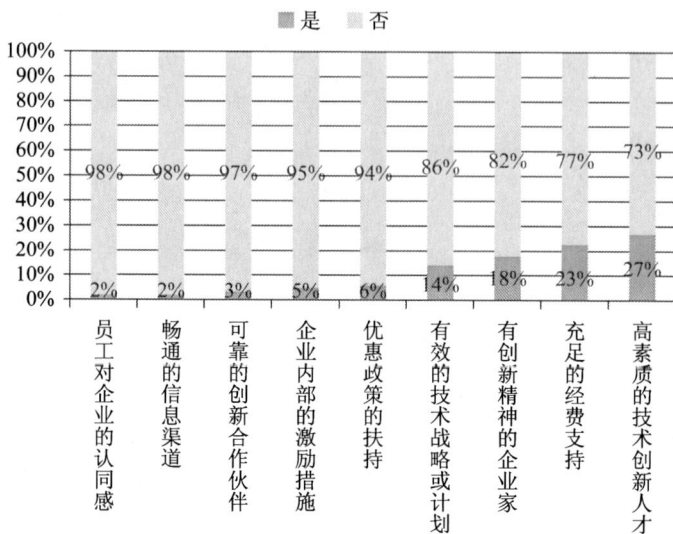

98% 98% 97% 95% 94% 86% 82% 77% 73%

2% 2% 3% 5% 6% 14% 18% 23% 27%

员工对企业的认同感　畅通的信息渠道　可靠的创新合作伙伴　企业内部的激励措施　优惠政策的扶持　有效的技术战略或计划　有创新精神的企业家　充足的经费支持　高素质的技术创新人才

图 3-11　促成样本企业研发成功的主要因素

是 ■ 否

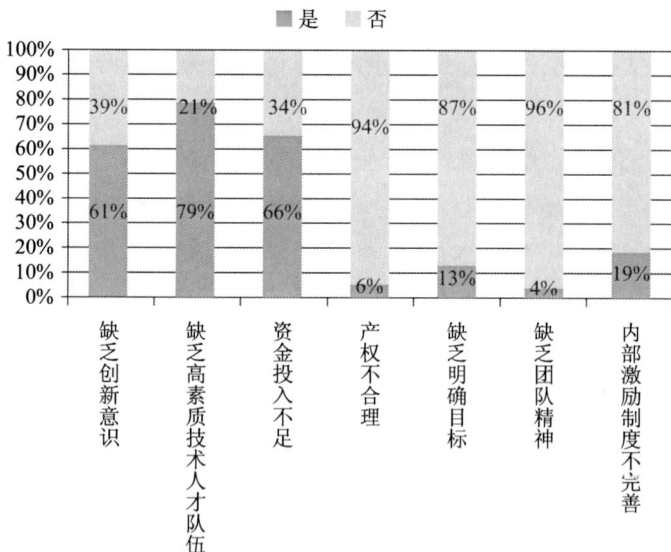

39% 21% 34% 94% 87% 96% 81%

61% 79% 66% 6% 13% 4% 19%

缺乏创新意识　缺乏高素质技术人才队伍　资金投入不足　产权不合理　缺乏明确目标　缺乏团队精神　内部激励制度不完善

图 3-12　阻碍样本企业进行研发的主要内部因素

表 3-9　2011 年工业企业科技创新人才情况　　　单位:人

城市	引进国外专家学者人员	引进留学归国人才人员	从省外引进副高以上职称人员
佛山	353	173	588
东莞	227	230	1207
中山	74	79	423

数据来源:广东省统计局,广东省科学技术厅《2012 广东科技统计资料》。

四、专业镇方面

中山市的专业镇经济发展模式对经济社会发展的关键作用毋庸置疑,长期以来这种经济模式一直是全国争相效仿的榜样。然而中山市专业镇在快速发展的同时,一些不完善的问题也逐渐凸显,专业镇转型升级势在必行。

1. 研发活动区域分布不平衡

从研发经费投入情况来看(图 3-13),火炬区 R&D 活动投入强度最高,达到 5% ,而东区、大涌镇、板芙镇、沙溪镇等镇区的 R&D 研发投入强度不足 1% 。

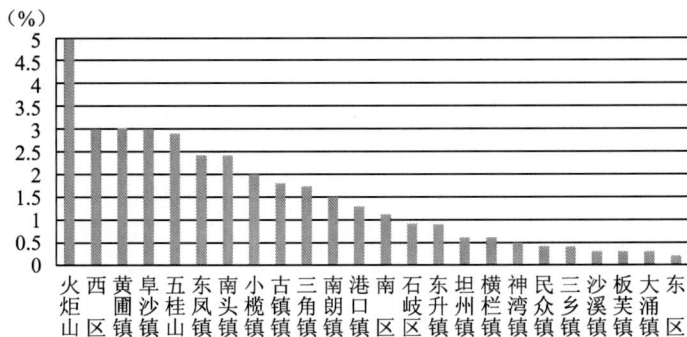

图 3-13　2010 年各镇区 R&D 投入强度

数据来源:同图 3-4。

再从专利申请数量上看,各镇区的差异也较大。小榄镇和古镇的专利申请和授权数量远远高于其他镇区,而五桂山、民众镇、阜沙镇、板芙镇、大涌镇和神湾镇的专利数则明显低于平均水平(见表3-10)。

表3-10 分镇区专利申请情况

镇区	2009 年		2010 年	
	申请	授权	申请	授权
全市	8699	5076	12031	8538
石岐区	371	416	743	338
东区	487	322	680	507
火炬区	731	383	1045	576
西区	288	163	464	361
南区	141	67	148	156
五桂山	42	28	63	48
小榄镇	1784	1084	2466	1781
黄圃镇	279	161	242	243
民众镇	74	33	116	79
东凤镇	482	391	644	647
东升镇	382	319	463	415
古镇镇	1534	633	2066	1250
沙溪镇	220	70	278	105
坦洲镇	165	100	241	179
港口镇	125	55	170	165
三角镇	155	75	187	144
横栏镇	212	126	307	231
南头镇	630	324	834	626

续表

镇区	2009 年		2010 年	
	申请	授权	申请	授权
阜沙镇	52	35	106	83
南朗镇	98	45	124	123
三乡镇	257	100	360	315
板芙镇	40	51	105	78
大涌镇	98	83	146	65
神湾镇	70	11	33	22

数据来源:中山市统计局《中山统计年鉴 2011》,中国统计出版社 2011 年。

2. 专业镇所处产业链层级不高

中山市专业镇多以劳动密集型产业为主,企业技术水平较低。多数产业主要是承接了国际制造业中的加工制造业环节的转移,相对于产品整体价值而言,其技术含量不高,附加值较低,处于微笑曲线的底端(见图 3 – 14)。很多企业在产品开发设计方面陷入了以仿制、组装为主的恶性竞争和循环中,导致专业镇的发展模式也长期陷入了"低成本战略"的路径依赖的发展模式中。

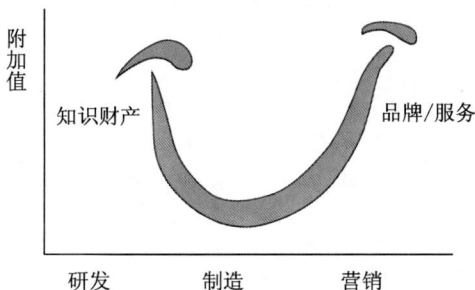

图 3 – 14 微笑曲线

企业高层领导对产品研发、技术研发、自主品牌建设方面关注较少，特别是对信息化建设、员工培训等方面的投入不足。这也造成全国企业 50 强中珠三角企业可以占到 10 个，而全国研发能力 10 强中珠三角的企业只有 1 个。

虽然企业数量上的增长是产业集群壮大的标志，但大多数产业集群内企业之间的业务同质化严重，集中在产业链的某些环节，尤其是终端产品的生产制造商。产业结构趋同严重，未形成配套完善的产业链，专业协作水平较差，导致市场竞争激烈，不乏为争取订单竞相压价的现象，不仅影响企业发展和竞争力提升，也阻碍了产业链的延伸和集群的壮大。

3. 跨专业镇的资源共享机制有待形成

随着专业镇经济的发展、产业集群规模的壮大和产业链的延伸，"一镇一品"开始向"一镇多品"、"多镇一品"演变。比如全国最具影响力的灯饰产业集群已不再是古镇镇的特色产业，其周边的横栏镇、小榄镇、板芙镇乃至江门市的外海镇等灯饰产业也逐渐兴起，规模日益扩张；小榄五金、大涌家具、沙溪服装、中山家电等也早已形成了跨镇区发展之势。这种发展态势愈来愈受到行政边界的制约，各镇区政府往往为了镇区利益争夺企业属地，难以实现错位互补发展。

一方面，由于镇特色产业自发性较强，且大多以行政镇（区）为单位进行布局，在缺乏全市统一的产业发展规划引导的情势下，各镇区拥有完全的产业发展自主权，镇区间经济互补性不强，产业雷同现象普遍，资源浪费现象比较严重，在土地、实验设备、技术成果、人才等方面未能实现资源整合与共享。

另一方面，由于中山市经济从一开始就主动融入国际产业链的纵向分工，各镇区几乎将目光全部聚集在国际市场，把各自的特色产业与国际买家联系在一起,各镇区之间很少真正认识到合作的重要性,很难确立协作共赢的思维。

　　跨专业镇的资源共享机制的缺乏,不但妨碍了专业镇产业集群的进一步壮大和整体特色产业品牌的打造,也阻碍了专业镇研发创新项目的开发和实施。

第4部分　加大研发投入,提高创新绩效, 促进中山市 R&D 活动 顺利进行的政策建议

近年来中山市研发创新取得了显著的进步,但还存在一些亟待解决的问题。为了实现未来中山市持续健康发展的目标,应该切实实施"创新强市、转型兴市"战略,坚持企业主体地位,加快自主创新步伐,加强政府引导和支持,营造良好创新环境,发挥专业镇的创新示范作用,推动协同创新和产业集群升级。

一、加快企业自主创新步伐

"创新强市、转型兴市",需要企业和个人的全面参与。企业作为市场经济活动的主体,不仅需要从微观角度来衡量自身的利益,也需要从宏观层面积极探索发展的可能,努力成为科技创新活动的主体,同时根据经济发展状况调整企业战略目标,配合实现城市的经济转型。

1. 坚持企业研发创新主体地位

中山市企业,特别是中小微企业,作为研发项目选题、决策、融资、集成整合、风险承担和受益的主体,在创新体系中发挥着重要作用。企业直接面对市场、参与市场竞争,对市场需求最了解,对市场变化最敏感。中山市只有使中小微企业成为主体,才能使技术创新

符合市场需求，才能使产、学、研、用真正结合，才能更快更好地推进技术的创新发展。因此，必须以提高企业自主创新能力、强化其技术创新和科技投入主体地位为目标，培育和提升企业和产业核心竞争力，培育一批具有较强自主创新能力和自主品牌的优势企业，发挥其示范和导向作用，从而促进经济发展方式的转变。

企业创新能力的提升是企业研发创新主体地位的要求。企业应当通过加大研发创新资金投入、加快创新型人才建设、培养对市场需求的敏感度以及进行合作研发等措施，逐步提升自身创新水平，从而保证企业研发主体地位的确立。要坚持"政府推动、企业主体、市场导向"的原则，积极推进企业技术创新体系建设，营造和完善有利于企业技术创新的制度环境，推进创新型企业建设。

2. 培育企业创新文化，增强企业创新动力

企业文化对创新的作用，是通过影响企业管理者和员工价值观、思维模式和行为方式来体现的。优秀的企业文化能够把员工的行为统一到不断更新知识结构、勇于挑战困难、努力拼搏奉献的轨道上，对培养员工的创新能力有着不可替代的作用。自主创新是一个从创意产生到创新实现的连续过程，在这些过程中，行为主体必然受到企业文化的影响。中山市企业，尤其是中小企业应主动创造自主、开放、创新的企业文化，营造出以人为本、鼓励创新、竞合有度的创新文化氛围，形成和谐宽松的创新环境，将广大专业技术人员和高素质的员工凝聚在企业自主创新目标之下，促进企业进一步发展。

3. 加大研发力度，提高创新绩效

虽然中山市整体 R&D 投入强度位列广东省前列，但企业 R&D 经费支出绝对额偏低、创新动力不足，制造业中大多数行业的研发投入强度偏低。加大企业研发投入、促进企业自主创新，实现民营

企业快速健康发展,是今后企业提升自身竞争力的关键所在。

对于中山市的大多数中小企业而言,要想在新时期寻求更好的发展,关键是要加强技术创新,适当增加研发投入,不断增强企业的创新活力与竞争力,逐步形成自主知识产权核心技术和自主品牌。对于大型企业而言,研发经费相对来说一般较为充足,应充分利用这一优势,通过创立企业技术中心等科研机构,寻求更大发展。

企业要保持不断发展,必须树立正确的研发观念,既要注重对R&D活动经费及人员的投入总量,又要注意研发投入的内部结构,使R&D活动与企业整体利益和长远发展相结合,促进研发与企业发展的良性互动,提高企业R&D效率。企业要随着收入的增长不断增加研发投入,尤其是对有利于提升企业市场竞争力的高新技术产品研究项目的投入,提高R&D投入强度,形成"R&D经费投入加大—企业R&D能力增强—企业R&D成功率提高—企业收益提高—进一步加大R&D经费投入—企业R&D能力进一步增强"的良性循环。此外,高新技术企业还需加强对先进技术与设备的引进和消化,以缩短企业研发周期、降低研发成本,不断提高企业R&D效率和研发能力。

二、强化政府引导与管理作用

政府作为宏观调控的主导者,需要制定出相关的政策和明确的规划来指导创新改革与经济转型的阶段性发展,政府通过促进企业创新主体地位的确立、提供资金扶持企业创新、引进创新人才等策略的实施,以及确定经济转型目标方案和推行阶段性经济转型实施步骤和具体要求,统筹规划,确保"创新强市、转型兴市"战略的实施。

要使企业成为创新主体,政府的角色非常关键。我们以问卷形式进行了调查，了解到企业希望政府出台的有关促进研发政策的意见（见图 4 - 1）。

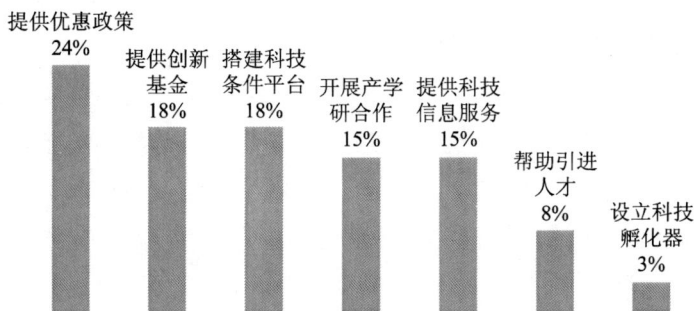

图 4 - 1　样本企业期待的政府措施所占比重

从调查结果来看，样本企业目前在研发活动上最渴望的是政府能够提供优惠政策以及创新基金这些直接支持，同时对于搭建科技条件平台的需求也相当强烈。

政府应当充分发挥引导作用，完善公共服务职能，一方面积极扶持企业做大做强，发挥科技龙头企业的带动作用。引导中小企业向"专、精、特、新"的方向发展，促使企业提高自主创新能力、原始创新能力、集成创新能力和引进消化再吸收能力，另一方面从体制上完善创新机制，加快相关创新政策的制定与实施，为企业创新提供良好的环境条件。

1. 加大研发资金支持

近年来，国家、省相继出台了《广东省重大科技项目专项资金管理办法》、《关于印发广东省科技型中小企业技术创新专项资金管理暂行办法的通知》、《转发财政部科技部关于印发科技型中小企业创业投资引导基金管理暂行办法的通知》等管理办法，中山市也出台了《科技发展专项资金管理办法》，2012 年安排市科技发展专项资金 6000 万元。然而,全市安排的科技发展支持的政策与专项资金支持的力度与其他城市和地区相比明显不足。

为了进一步鼓励企业大幅度增加对科技开发的投入,进一步推动企业科技进步,中山市政府可以根据不同企业、不同行业的特点,实施激励企业自主创新的税收政策。允许企业按照当年实际发生的技术开发费用的一定比例抵扣当年应纳税所得额。实际发生的技术开发费用当年抵扣不足部分,可按税法规定在一定时期内结转抵扣。企业用于研究开发的仪器和设备,单位价值在一定数额以下的,可一次或分次摊入管理费;单位价值以上者,可采取缩短固定资产折旧年限或加速折旧的政策。进一步完善促进高新技术企业发展的税收政策同样是当务之急。对符合规定条件的新创办的高新技术企业,可自获利年度起两年内免征企业所得税,两年后减按相应税率征收企业所得税。属于国家或省级扶持的高新技术企业,纳税确有困难的,按规定程序审批后,可减免房产税、城镇土地使用税。对于那些主要投资于中小高新技术企业的创业投资企业,可实行投资收益税收减免或投资额按比例抵扣应纳税所得额等财税优惠政策。

除了研发基金支持和税收优惠政策,中山市还应加快建立财政资金采购自主创新产品的制度,制定包括自主创新产品认证、认定标准、评价体系等在内的配套措施,保证政府采购资金向高技术产品倾斜。

2. 有效发挥龙头企业带动作用

中山市企业以中小型企业为主,具有自主创新能力和自主品牌的企业较少。而在大型企业中,国家级高新技术企业数量较少,行业龙头企业也仍需不断壮大自身实力。对大量的中小企业来说,龙头企业的带动作用尤为重要。尤其是像明阳风电、大洋电机这样的在行业中很有号召力的龙头企业，在加快自身发展的同时，政府还应适当加以引导，使其主动"承担社会责任"，发挥示范带动作用，引领该行业中其他中小企业转变发展方式。带动中小企业转型升级，是龙头企业应尽的责任，也需要政府部门的支持和帮助。

首先，政府有关部门应加大对龙头企业的技术创新扶持力度，支持企业加大技改投入，引进先进技术和设备，进行技术研究，鼓励龙头企业，发挥自身优势，利用品牌、资本、销售渠道等要素，主动整合中小企业，组建战略联盟或企业集团。

其次，政府部门也可引导建立相应的利润回报机制，鼓励龙头企业延伸产业链，把产品外包给中小企业，或是与业务往来频繁的配套中小企业相互参股，以股权为纽带，形成更加紧密的协作圈，进而带动整个产业链的中小企业的发展。

此外，还可通过建立资源平台，鼓励龙头企业帮扶中小企业，提升管理技能、生产工艺与技术水平，使小企业可以利用大企业的人才、技术、管理、资金优势，淘汰落后生产方式，通过这种分工合作，充分利用资源，达到优势互补。

3. 优化科技服务平台

中山市政府要进一步建立和完善研发创新的社会化、网络化服务机制：扩充科学数据共享系统、科技文献服务系统、科学仪器共用系统资源，构建领域科学数据中心与科学数据共享服务网；加快建设中山市技术交易所，建立、健全知识产权交易平台与交易网络，规范和完善技术产权挂牌竞价、交易、结算、信息检索、政策咨询、价值评估等服务功能，建成辐射全市的技术产权交易中心；激励高新技术企业申请专利、注册商标，支持企业和产业技术联盟构建专利池。

中山市还需要加强有关知识产权服务与管理。围绕推进企业研发机构的建设和发展，建立和完善知识产权维权援助体系，为有关专利诉讼与代理、知识产权保护等提供必要的援助服务。加强对国外行业技术法规、标准、评定程序、检验检疫规程变化的跟踪,加强对企业研发机构的主要技术和产品可能遭遇的技术性贸易措施进行监测,并提供预测和预警服务。强化企业的知识产权意识,探索建立公益性的专利信息服务平台,为企业提供专利信息定制服务,提高企业对专利信息资源的利用能力。

三、营造良好的研发环境

《国家中长期科学和技术发展规划纲要(2006～2020年)》指出,科技投入和科技基础条件平台,是科技创新的物质基础,是科技持续发展的重要前提和根本保障。近年来中山市科技投入不断增长,但与广州、深圳等珠三角城市相比,与发达国家和新型工业化国家相比,其科技投入的总量和强度仍显不足,投入结构不尽合理,科技基础条件较为薄弱。中山市应该审时度势,从增强本市的自主创新能力和核心竞争力出发,积极营造良好创新环境,完善市场体制建设。

1.拓宽融资渠道

由于 R&D 活动风险高、周期长,中山市企业融资渠道单一,科技型企业尤其是中小型科技企业仍然面临融资难题。因此有必要继续深化金融创新,拓宽融资渠道,构建多层次的融资体系,为企业的研发活动提供及时有效的资金支持。

(1)优化传统融资渠道

鼓励商业银行加大对民营企业的金融支持力度,逐步提高贷款支持比例;建立和完善符合民营企业特点的授信制度,扩大信贷抵押物范围,拓展抵押方式,开展应收账款质押贷款、租金收入质押贷款、小额循环贷款、无抵押贷款;大力发展银行汇票、贴现等票据业务，拓宽民营企业融资渠道；对发展潜力大的民营企业实行贷前辅导；积极为中小民营企业提供结算、理财、信息咨询、电子银行和财务管理等方面的服务，完善对中小民营企业的金融服务体系；支持为大型企业生产配件或提供加工、营销等配套服务的中小民营企业。

对于总收入增速连续三年超过 30% 或当年收入增速超过 50%、对示范区经济增长贡献较大的创新试点企业等重点企业群体，支持其进行担保贷款、信用贷款、知识产权质押贷款、股权质押贷款、信保融资及发行企业债券、信托计划、中期票据、短期融资券等，并在原有试点政策基础上，加大融资贴息力度。对于符合上述增长条件的相关企业，可直接按 60% 的贴息比例申请贴息支持，对单个企业的年度贴息总额不超过 80 万元。企业可根据示范区有关担保贷款、信用贷款、信保融资等扶持资金管理办法中关于申报材料和程序的规定申请贴息。

支持银行在中山市设立为科技型中小企业服务的特色分支行和信贷专营机构，积极开展针对创新创业型企业各类信贷创新试点。进一步依托中山市科技金融服务平台，发挥市政府股权投资引导资金的杠杆和引导作用，鼓励境内外股权投资机构聚集和发展。推动知识产权投融资服务试点、科技保险试点等科技金融创新试点。

制定科技型中小企业金融服务和支持政策，鼓励促进知识产权质押融资等科技金融创新，拓宽科技型中小企业融资渠道；积极打破行政壁垒，规范行政行为，进一步简化创业注册登记、行政审批、办证手续，减少和规范行政收费事项。

（2）完善科技金融体系

金融体系通过高效率配置资源的机制，促进资金资本向优势产业集聚,向有竞争力的企业和项目集聚,促进产业整合优化,为企业进行技术改革与研发创新提供必要的资金,降低了创新型产业的风险,有利于促进企业自主创新。科技型中小企业在 R&D 过程中,会遇到资金筹集、资源整合、技术定价、项目遴选、信息甄别、委托代理等诸多方面的难题。为解决这些难题,需要一个良好的金融支持体系。

中山市可以借鉴中关村"一个基础六项机制十条渠道"的科技金融体系(图 4-2)。为了满足创新性企业多元化的融资需求,中关村充分发挥政府的引导作用,以企业信用建设为基础,充分利用市场机制,采用政府、银行、企业多方合作的方式,构建和优化局部融资环境,促使优质资源和要素向有竞争力的优势创新企业集中,使有竞争力的创新型企业的多元化有效融资需求通过市场机制得到高效满足,一方面提高了直接融资比重,另一方面拓宽了间接融资渠道,初步形成了促进不同阶段企业发展的投融资体系。

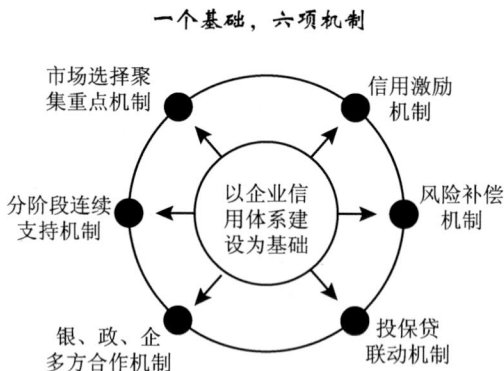

图 4-2 中关村投融资体系

十条渠道

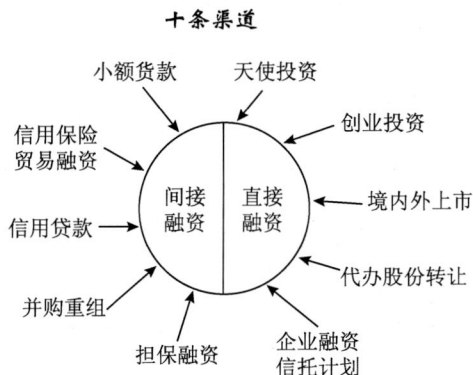

图 4 - 2:续

中山市应该将科技金融体系的建设与完善纳入到政府规划中,从银行、证券、保险以及中介等多方面入手,针对不同金融服务主体,采取相应的激励和限制措施,为企业自主创新活动提供有效的直接融资和间接融资渠道。

Ⅰ.股权质押贷款

在股份报价转让系统挂牌的企业可以通过将股权直接质押给银行的方式获得贷款。银行可以根据自身风险控制与承受能力,在银行贷款基准利率的基础上,制定适当的上浮标准。

政府应该对符合创新标准的企业的股权质押贷款进行贴息。积极鼓励高新技术企业实施股改,推进火炬区进行代办股份转让系统试点,鼓励高新技术企业进入代办股份转让系统挂牌交易,有效引导企业通过代办股份转让系统实现定向融资,满足处于不同发展阶段高新技术企业的融资需求。

Ⅱ.信用贷款

对于鼓励支持企业自主创新以及新产品新技术的推广应用,可以鼓励银行为企业提供无担保无抵押的信用贷款,并根据与企业签订的项目合同,简化操作流程,缩短放款时间。政府按照银行基准利率给予贷款企业一定比例的利息补贴支持,按照实际放贷规模给予银行一定比例的风险补贴,相应补贴额度实行年度总额控制。

Ⅲ.产业投资基金

中山市新能源汽车、LED、古镇灯饰产业和生物医药等产业以及翠亨新区,均具备发行产业投资基金的条件。发行产业投资基金,可以将国家财政资金以及市外机构投资者资金引入中山,将会极大缓解中山市企业自主创新和产业升级的融资约束。

应对产业投资基金或管理企业给予工商注册登记的便利,符合条件的产业投资基金或管理企业可在企业名称中使用"基金"或"投资基金"。对于在中山市注册、累计实收资本达到一定金额、投资领域中创新型企业占到一定比重的基金管理企业,给予税收优惠等政策支持。鼓励支持商业银行在中山市开展产业投资基金托管业务和并购贷款业务,支持其依法依归以信托方式投资于股权投资基金,鼓励证券公司、信托公司、财务公司等金融机构在中山市依法投资或者设立产业投资基金和直接投资公司。

2.进一步深化产学研结合

为了更好地推进研发创新的深化,必须促进产学研合作,推动产业技术联盟发展。

(1)推动产学研合作平台建设

推动国家重点建设高校、科研院所在中山市新建一批高水平的研发平台、产业创新联盟和地方研究院。在火炬区、专业镇、产业集聚区等引进一批国家重点实验室、工程中心等国家级平台建立分支机构。3~5年内建设2家以上国家重点实验室、30家以上国家和省级工程中心。打造风电设备、新光源、新能源汽车、健康医药等重大自主创新技术平台,提升共性技术平台服务水平,抢占产业发展技术制高点。

(2)加快产学研合作国际化进程

重点发挥中山市的地理优势,加强与港澳地区和国际科技合作,积极引入港澳台地区和国际创新资源与重大科技成果,促进创新资源在我市进行高效配置和综合集成。鼓励本地企业、科研院所与跨国公司、国外科研机构等组织开展各种形式的产学研合作。鼓励和支持有条件的企业通过各种方式到海外设立、兼并和收购研发机构,加强技术引进、消化、吸收和再创新。

(3)完善企业科技特派员制度

进一步推进科技特派员"驻镇"计划,建立"企业科技特派员工作站",通过派遣专门人员深入市场一线,了解政企需求、传递合作意向、联手企业开展科技攻关和技术创新、协助政府开展区域经济发展战略研究等工作,搭建政府、企业、学院三方联动的合作平台。如掌门人网是中山首家与华南理工大学进行互联网技术合作的企业,而这种学企合作模式是现阶段企业寻求出路的良好途径之一,并可以给企业带来新的发展机遇。相关高校和科研机构要认真选派合适人员担任企业科技特派员,制订相应的激励措施,确保派出的企业科技特派员原职务、工资、福利、待遇、岗位不变,工资、职务晋升和岗位变动与派出高校和科研机构在职人员一样进行。对任期届满考核合格的企业科技特派员视同完成派出单位规定的各项工作量。对任期届满考核优秀的企业科技特派员在同等条件下优先提拔使用。驻点企业要安排合适岗位,明确岗位职责,为企业科技特派员提供必需的生活和工作条件。

3.完善创新人才发展机制

随着中山市进入高新技术产业高速发展时期,人才智力和知识对经济社会的拉动作用日趋凸显,中山市人才工作面临前所未有的机遇和挑战。加强自主创新,离不开人才。在新的形势下,中山市应加强落实《关于进一步加快培养引进紧缺适用人才的意见》,实施人才强市战略,筑就人才高地。

在今后一个阶段,中山市应牢固树立人才投入优先保障、人力资源优先开发、人才制度优先创新、人才结构优先调整的理念,争取在基础研究、高技术研究、社会公益研究等若干关系区域竞争力和安全战略的科技领域,培养造就一批创新能力强的高水平的学科带头人,形成具有地方特色的优秀创新人才群体和创新团队。

(1)优化创新人才发展环境

优化人才发展环境是落实"四个尊重"、坚持"人才以用为本"的出发点和落脚点。比如,可以建立高端人才供需引导机制,充分发挥各类人才中介服务机构在引才聚才中的作用,还可以开展向外资开放人才中介服务市场的试点等相关措施,发挥跨国公司在技术辐射、人才培育等方面的"溢出效应",有效推动大批境外管理和技术人才流入中山市。

优化人才发展环境,既包括优化人才事业环境(创新环境和创业环境),也包含优化人才的生活文化环境和服务环境,涉及大量政策创新和制度建设工作。在今后的发展过程中,中山市要不断努力从各方面完善人才的发展环境。比如完善科研管理制度,落实院所长负责制,扩大科研机构用人和科研经费使用自主权,建立以学术为主导的资源配置和发展模式等。大力实施人才安居工程,多渠道解决各类人才阶段性居住需求;在基本医疗保险制度的基础上,探索建立适用于引进人才的补充医疗保险,鼓励和支持单位为各类人才建立补充医疗保险等。

(2)完善创新人才资源开发激励机制

人才激励是人力资源管理和人才开发的核心。建立、健全的人才分配激励机制对中山市引进高科技人才有着特别重要的作用。要建立人才利益分配导向政策,充分体现利益分配的级差和类差,在层次上向智力型人才倾斜,在类别上向紧缺的专业技术人才、高层次人才、经营管理人才以及高级技术工人倾斜。

可设立"重大人才工程",包括领军人才培养计划、青年英才培养计划、创新型科技人才开发计划、创业人才支持计划、战略性新兴产业和高新技术产业化人才开发计划等。通过实施这几项重大人才工程,努力造就具有广东省甚至是全国影响力的创新创业人才队伍、建设具有全球竞争力的现代服务业人才队伍、培育具有产业引领力的高新技术人才队伍、开发具有和谐推动力的社会发展重点领域人才队伍,同时通过统筹企业经营管理人才、专业技术人才、高技能人才、社会工作人才 4 支人才队伍建设,实现人才结构战略性调整,带动人才队伍整体开发,重塑城市发展动力机制,促进产业结构优化升级,推动中山市成为创新型城市。

(3)完善创新人才引进相关配套设施

要着力实行"控制人口,不控制人才"的策略,设立"一站式"人才引进服务窗口,广泛吸引全国各地的优秀人才,特别是注意引进高层次人才,吸引海内外自然科学、工程技术领域的带头人,以及经济管理、国际贸易、国际金融、计算机、生物工程等领域的一流人才到中山市落户。对各学科的学术带头人,以及带有重大科研成果来中山市工作的各类人才,给予特殊的优惠和照顾,为他们在工作和生活上提供良好的环境和条件。按照社会市场经济的要求,大胆引进优秀企业人才,建设一支懂经营、会管理的科技型企业家队伍。要进一步制定吸引人才的优惠政策,简化审批手续和落户手续。对一流人才的引进,要特事特办,针对不同的人才需求,采取灵活务实的人才引进策略,主动帮着他们解决住房、子女教育以及其他困难。

进一步完善中山市引进海外高层次留学人员的政策,多方式、多渠道吸引优秀海外留学人员。重点引进高级工程技术人才、高级经理管理人才、拥有国际先进技术水平的专业技术人才。尤其注意引进那些已获得学位,曾在国外大集团、大公司任职,通晓国际惯例,熟悉现代化企业运作程序,既懂专业又擅长管理的复合型人才。广泛采纳国际上通行的开发留学人员资源的做法,创办"中山市归国留学人员创业园"或施行"千人计划"等,吸引那些在国外已获得长期或永久居住权、掌握国际新技术、经济上有一定积累或资金短缺但有信息、有项目的留学人员来中山市创办企业。

四、发挥专业镇的创新示范作用

以专业镇为依托的特色产业是中山经济的重要特征和支柱。必须坚持政府推动、规划促动、投资拉动、产业带动的原则,完善中山市产业基地所在镇区的基础设施和服务设施配套,促其成为产业集聚度更高、行业影响力更大、市场竞争力更强的全国特色产业名镇。

近年来,中山市产业体系建设和产业集群发展已初见成效,未来应以培育现代产业 100 强和"三个一百"战略为抓手,大力推进"优二进三",促进制造业与服务业互动发展,建设结构优化、附加值高、竞争力强的现代产业体系,提高产业核心竞争力。通过实现产业的优化升级和发挥产业集群效应,有力强化专业镇的示范与带动作用,以专业镇为依托,为在新时期实施"创新强市,转型兴市"战略提供有力依托。

1. 集聚创新资源，推动协同创新

目前中山市很多产业集群被锁定在产品价值链与生产链分工体系中的低端。究其原因，主要是产业集群创新能力的缺失。因此，必须集聚创新资源，推动协同创新，从而提升中山市产业集群自主创新能力、构建全球价值链与集群升级的良性互动机制。

提升集群创新能力的首要问题是整合集群创新资源。集群创新资源是指提升集群创新能力所需的人力、财力和物力，是集群创新的支撑。应以关键共性技术为突破口，加强创新平台、创新载体、创新网络、创新服务体系建设，聚焦制约特色产品高端化的关键、薄弱环节，组织强有力的研发力量，集聚创新要素，利用市生产力促进中心、小榄生产力促进中心、火炬区高技术创业中心、市家电创新中心推动协同创新。

应以产业为依托，以市场为导向，按照"做强产业、做出特色、强化品牌"的思路，推动市场扩张和专业镇产业集群发展。集合各镇区产业资源优势，优化产业空间布局，增强承载大产业、大项目的能力。推动产业配套对接，巩固和完善产业链，增强产业集聚能力。以小榄五金、古镇灯饰、沙溪休闲服装、大涌红木家具、东凤小家电、黄圃腊味等特色品牌为标杆，把更多的特色经济发展成为区域品牌，积极扶持一大批地理标志申报广东省著名商标、全国著名商标，实现产业集群水平升级，努力培育打造千亿元的特色镇产业集群。

2. 提升产业链水平，促进产业集群升级

中山市的专业镇需要在充分利用现有制造业基础的同时，大力扶持和培育新兴战略产业，提升专业镇的产业链水平。

在全球化趋势愈发明显的今天，竞争的焦点由单纯的原材料及市场资源的争夺转变为特色专长的比拼。产业集群确立升级优势的关键是构筑核心竞争力，走高端发展的道路。核心竞争力是产业集群发展过程中长期培育积淀而成并有别于其他集群的特色专长，产业集群也正是基于一定的特色专长形成竞争优势获得持续发展的。因此，中山市的产业集群要想走高端道路，必须凭借特色专长优势走自主创新的道路，独立创新、整合创新与吸收创新并举，形成基于特色技术的集群核心竞争力，创造出产业集群自主创新的产业核心技术和特色品牌。

例如，可以发挥中山在电子信息产业方面的优势，加快拥有自主知识产权的核心技术研发，促进集成电路、光电显示核心器件及关键材料、新型电子元件、电子专业仪器设备制造等产业发展推进国家级电子信息产业基地建设；发挥在风电设备、新型船舶、电梯设备、重型燃气轮机等方面的优势，打造具有较强影响力的装备制造业基地。采取产业链接、技术互助和资本扩张等形式，加强室内外产业协作，完善上下游产业配套，培育一批先进制造业集群。

专业镇与科技创新:以中山市小榄镇为例

一、专业镇发展与创新现状分析

1. 中山市专业镇简介

专业镇现象出现在我国 20 世纪 90 年代,是指同类型的产业在一定地域上的聚集,并成为支持地方经济发展的主导产业的现象,主要发生在我国沿海经济发达的地区,以广东和浙江两省居多。浙江把这种现象称为"块状经济",是 1994 年、1995 年吴敬琏先生最早提出来的;而广东把它成为"专业镇",概念最早起源于 1999 年,即为"专业化城镇"的简称。广东省科技厅把专业镇定义为"以镇(区)为基本单位,产业相对集中,具有一定经济规模,产、供、销一条龙,科、工、贸一体化、营销网络覆盖广的经济实体"。

专业镇是由许多企业构成的,根据其网络结构特征,可分为马歇尔式专业镇、轮轴式专业镇、卫星平台式专业镇(见图 5 – 1)。

"一镇一品"是中山市经济的一大特色,被人们称为"专业镇经济"。通过分析并结合相关研究成果,中山市的专业镇均为"马歇尔式专业镇"。中山以全省 1%的国土面积、不到 2%的户籍人口,建成了珠三角地区产业集群最为密集的城市。目前,全市省级产业集群升级示范区 8个,18 个镇中有 15 个省级专业镇(见表 5 – 1),全市 27 个国家级产业基地有 19 个设在专业镇。2010 年,这些专业镇完成地区生产总值 1068 亿元,占全市的 59%,税收和吸纳就业人数也均占五成以上。

马歇尔式专业镇	轮轴式专业镇	卫星平台式专业镇
• 这类专业镇以传统产业为主，企业规模以中小微企业居多，供应商、生产商与客户往往达成长期的合作关系。一个生产商与多家供应商发生联系，一个供应商又与多家生产商发生联系，一个客户与多家生产商联系，一个生产商又与多家客户相联系。	• 这类专业镇以一个或者多个总部在区域内的大型企业为中心，众多中小企业为其配套和服务。大企业居于主导地位，与供应商和客户之间保持长期的联系。	• 这类专业镇以跨国公司或者总部在区域内的大企业的分厂以及相关配套企业为主。这些企业在本地进行的多是制造和装配环节，而核心技术生产、资金、销售依赖于区域外的相关部门。在本地内，企业间联系不够紧密，客户关系相对也不稳定。

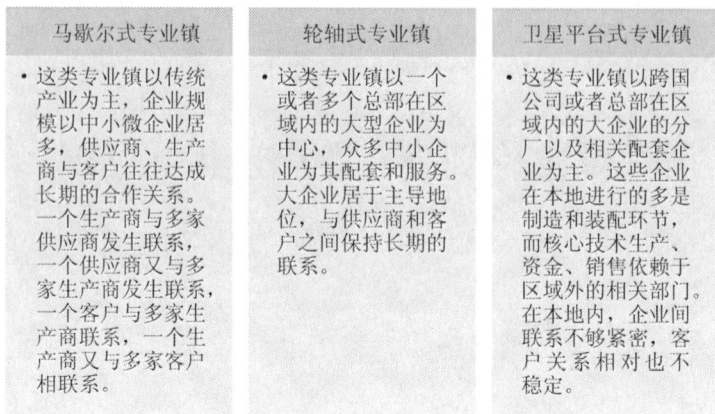

图 5 - 1　专业镇的类型

表 5 - 1　中山市省级专业镇一览表

序号	镇区	广东省级专业镇名称
1	小榄镇	五金制品专业镇
2	沙溪镇	休闲服装专业镇
3	古镇	灯饰专业镇
4	三乡镇	古典家具专业镇
5	阜沙镇	精细化工专业镇
6	民众镇	农产品专业镇
7	黄圃镇	食品工业专业镇
8	三角镇	纺织、电子专业镇
9	南朗镇	旅游专业镇
10	板芙镇	美式传统家具专业镇

续表

序号	镇区	广东省级专业镇名称
11	港口镇	游戏游艺产业专业镇
12	东凤镇	小家电专业镇
13	大涌镇	红木家具专业镇
14	东升镇	办公家具专业镇
15	南头镇	家电专业镇

专业镇的模式确立了富有特色的发展优势，GDP 以 20% ~ 30% 的年均速增长的同时，也为科技创新提供了良好的平台和机遇。中山市的专业镇由大量的中小企业围绕一个或几个核心产品进行生产、销售和服务，它通过激烈的竞争，实现规模经济和范围经济，促进相关产业的分工和合作，形成集聚地方化的产业氛围，提升了这些城镇的全球竞争力。大涌的红木家具占全国 60% 的市场份额、古镇灯饰占全国 46% 的市场份额，小榄五金、沙溪服装、黄圃腊味等集群品牌也已家喻户晓。近年来，专业镇的发展还带动了周边地区的生产配套。如小榄燃气具和锁具、南头家电、东风小家电等带动了五金、电子等零部件生产和专业市场的分工与聚集，形成了从原材料生产供应到终端产品的完整产业链。中山坚持通过产业园建设、招商引资、建立专业市场、举办博览会、实行名牌战略、奖励技术创新等措施，积极引导各镇区结合已有产业基础和本地资源发展具有区域特色的产业集群，推动集群的快速发展。

中山市积极强化专业镇技术创新能力建设，创新专业镇技术创新平台的发展模式，从专业化分工、集群化布局、市场化联动、社会化协作方面构建新的发展平台，构建专业镇协作网，延长和完善区域特色产业链,逐步形成一批特色明显、竞争力强的"明星品牌专业镇"。近年来,中山市每年拿出 1000 万元作为专业镇发展的专项资金,主要用于产业技术创新服务平台的建设。目前,中山市培育出11 家国家火炬计划重点高新技术企业(见表 5 - 2)和一批又一批的省级创新型试点企业(见表 5 - 3),拥有 500 多家企业技术研发中心,拥有省级以上各类工程技术研发中心 16 家。

表 5 - 2　中山市国家火炬计划重点高新技术企业

1	广东玉峰玻璃集团股份有限公司
2	中山大桥化工集团有限公司
3	中山大洋电机股份有限公司
4	TCL 空调(中山)有限公司
5	广东长虹电子有限公司
6	中山达华智能科技股份有限公司
7	广东巴德士化工有限公司
8	中山华帝燃具股份有限公司
9	广东美味鲜调味食品有限公司
10	中山爱科数字科技股份有限公司
11	中山盛兴股份有限公司

表 5 - 3　中山市省级创新型试点企业

第一批(2006)	中山市明阳电器有限公司
	广东铁将军防盗设备有限公司
第二批(2008)	中山市松德包装机械股份有限公司
	中山大洋电机股份有限公司

续表

第三批(2009)	中山市金胜铝业有限公司
	广东通宇通讯设备有限公司
	中山市中智药业集团有限公司
	中山市华帝燃具股份有限公司
	中山大桥化工集团有限公司
第四批(2010)	木林森电子有限公司
	中山市读书郎电子有限公司
第五批(2011)	中山市欧帝尔电器照明有限公司
	棕榈园林股份有限公司
	广东巴德士化工有限公司
	广东三和管桩有限公司
	中山达华智能科技股份有限公司
	中山大洋电机股份有限公司

　　产业集群持续发展和不断升级的根本动力在于技术创新。针对优势传统产业和高新技术产业,中山不断加大政府投入,积极搭建创新平台,加强创新创业服务体系建设,为中小企业特别是科技型中小企业的技术创新提供良好条件。小榄镇已建成"小榄五金行业技术中心"等数家区域性行业技术服务中心,为中小企业提供技术咨询、产品开发、检测认证等服务,成为提升产业集群高效创新的平台(见表5-4)。

表5-4 中山市产业集群情况

产业集群	相关镇区	产业集群简介
灯饰产业集群	古镇 横栏 小榄	截至2008年,中山灯饰照明产业集群实现工业产值近300亿元,约占全市工业总产值的8%;涉及企业5000多家,从业人员26万人。中山灯饰的生产销售占据了国内市场的半壁江山,并出口到我国的港澳台、东南亚、日本、美国和欧洲等130多个国家和地区,中山市已经成为世界的几大灯饰专业市场之一,是国内最大的灯饰生产基地和批发市场
五金产业集群	小榄	中山市的五金产业主要集聚在小榄镇,五金是这个镇的传统产业。改革开发以来近三十年,小榄已经形成一个以锁具、安防、燃气具为龙头,集建筑五金、日用五金、轮脚等领域共同发展的产业集群。2008年小榄五金相关企业共2940家,销售收入达150亿元
纺织服装产业集群	沙溪 小榄 大涌	2008年全市纺织服装企业共5265家,产值458.2亿元。其中规模以上企业有766家。在追求交易成本"最小化"过程中,自然而然地形成了一些纺织服装企业的高度集聚:休闲服装集聚于沙溪镇,牛仔服装积聚于大涌镇,针织内衣集聚于小榄镇
家电产业集群	东凤 南头 黄圃 小榄	东凤镇以小家电为主导,小榄黑色家电业也保持了业内强者地位;南头、黄圃以开放的心态,承接了外来大家电企业的产业转移和拓展,成了白色家电产业和家电配套产业基地,于是整合成可观的家电产业集群
家具产业集群	大涌 沙溪 东升 板芙 三乡	中山家具产业发轫于大涌、沙溪的结合部,后来又相继涌现东升的办公家具、板芙的欧美古典家具、三乡的中国古典家具,于是中山家具产业就成为一个由多个子产业组成的具有较大规模的家具产业集群,2008年其总产值规模达64亿元左右,企业总量达700余家

产业集群	相关镇区	产业集群简介
腊味食品产业集群	黄圃	中山以腊味为代表的食品产业集群位于黄圃镇。全镇拥有食品企业近400家,产值近30亿元,其中腊味行业一枝独秀,年产值超10亿元,占全国广式腊味市场份额50万元以上
包装印刷产业集群	火炬开发区	1999年,原张家边镇被中国包装协会总会批准为中国包装印刷生产基地,该基地占地5000亩,到2008年已入驻企业110多家,其中有著名企业香港鸿兴印刷集团、香港印艺制版公司、大连盛道集团、山西运城制版等。2008年基地工业总产值达125亿元,同比增加7%,经过十年发展,包装印刷已经成为较成熟的产业集群
精细化工	阜沙	中山化工企业有138家,分布于全市23个镇区。这种过度的分散不利于安防,也不利于污染的集中处理。在2007年,市政府决定建立6个化工集聚区。这个六个集聚区中,阜沙精细化工集聚区较好,目前已集聚精细化工企业30多家,2008年产值达27.9亿元。"榄菊"、"雅黛"、"黑旋风"等国外著名精细化工企业均已入驻。2008年11月,省科研厅确定阜沙镇为"广东省火炬计划精细化工特色产业基地"
	民众	
	三角	
	古镇	

中山市还开展了"科技兴镇"的试点工作,积极加强对试点镇(三角镇)的指导和协调,以实施技术集成为突破口,启动"三角镇综合信息平台"和"三角镇城建规划管理信息系统"的建设,打造数字化三角,促进第一、二、三产业协调发展。中山市还积极协助南区组建中山南区电梯特色产业基地。同时,中山市的科技信息"直通车"工程已进入全面实施阶段,继古镇和横栏2个镇完成"直通车"试点工程后,黄圃、阜沙2个镇已在各行政村开展了"直通车"工程建设,小榄、大涌、三角和民众等镇在着手准备实施(见表5-5)。

表5-5 中山市国家级特色产业基地一览表

中国五金制品产业基地	中国灯饰之都
中国休闲服装名镇	中国红木家具生产专业镇
中国红木雕刻艺术之乡	中国包装印刷生产基地
国家健康科技产业基地	中国电子(中山)基地
国家高新技术产品出口基地	中国牛仔服装名镇
中国电子音响产业基地	中国食品工业示范基地
中国五金制品(小榄锁具)出口基地	中国小家电专业镇
中国腊味食品名镇	中国纺织产业基地
中国家电产业基地	中国技术科技成果产业化示范基地
国家火炬计划中山(临海)装备制造业基地	中国内衣产业基地
中山电梯特色产业基地	中国淋浴房产业制造基地
中国家电产业配套创新基地	中国游戏游艺产业基地
国家火炬计划精细化工特色产业基地	中国绿色健康食品产业基地
中山市国家级民营科技园	

2. 小榄镇发展与创新现状

中山市小榄镇是国家级重点镇和广东省中心镇(县级),地处珠江三角洲中部。小榄镇地域面积75.4平方千米,下辖15个社区,人口总数约为32万人,是一个有着860多年悠久历史和深厚人文底蕴的文明古镇。

(1)经济发展现状

从宏观层面上看,近十几年来,小榄镇生产总值不断攀升。2011年,小榄镇实现地区生产总值202.4亿元,可比增长8.3%,比

2000 年增长 381.9%,占广东省全部专业镇(326 个)生产总值(1.64万亿)的 1.23%,实现税收 37.7 亿元,较上年增长 19.6%,比2000 年增长 433.9%(见图 5 - 2)。同时,人均产值与单位产出在广东省综合发展力前 30 名中十个代表性名镇排名第一。

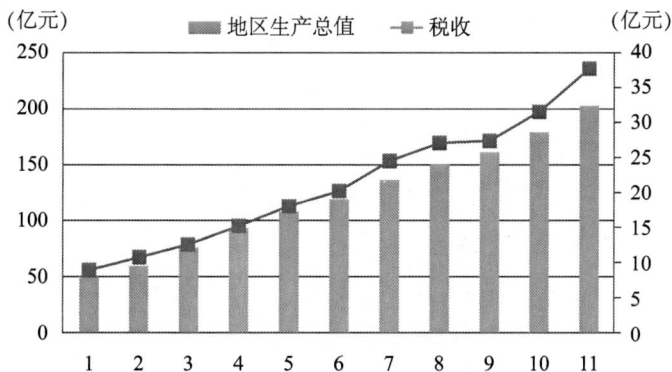

图 5 - 2　小榄镇2001~2011 年地区生产总值和税收

　　从中观层面上看,小榄镇既保持支柱产业的增长势头,战略性新兴产业的贡献也不容小觑,形成了良好局面,逐步向创新型、效益型、集约型和生态型的方向转变。随着国家改革开放的进一步深化,小榄镇推动产业的转型和升级,由劳动密集型向知识、技术、资本密集型产业转型,即由要素推动向创新推动转变;以低附加值向高附加值的研发与服务升级,大力推进传统支柱产业高新化与战略性新兴产业的崛起,进而形成了以五金制品、电子电器音响为龙头,食品饮料、化工胶粘、服装制鞋、印刷包装、LED 新光源全面发展的模式。小榄镇配套完善的产业发展体系和行业产业链条,是广东省典型的产业聚集专业镇,涌现粗以"美加"、"国光"为首的音响龙头企业,以"康妮雅"、"健将"为首的内衣龙头企业、以"乐百氏"、"永大"为首的化工胶粘企业。因此,小榄镇于 2003 年和 2007 年先后获得"中国电子音响行业基地"、"中国内衣名镇"等国家级称号。

从微观层面上看,小榄镇的企业也具备一定的竞争力。中山华帝燃具股份有限公司、广东长青(集团)股份有限公司、中山市建华混凝土有限公司被评为首批"广东省百强民营企业"。从数量上看,2011 年,小榄镇共有工商企业 29872 家,比 2000 年增长 167%。其中,工业类中型企业 227 家,小微型企业 9171 家。小榄镇的企业类型以中小微企业为主,占全镇工商注册户的 90% 以上。从规模上看,涌现出一批规模大、实力强、科技含量高的企业。2011 年全镇亿元以上的企业共 68 家,销售收入占 48.8%;2 千万至亿元企业263 家,销售收入占比 24.5%。并且,目前已有 5 家企业成功上市(见表 5-6),木林森股份有限公司、珠江桥生物科技股份有限公司和中山建华管桩有限公司也已经通过聆讯,还有 3 家企业完成了股份制改造。

表 5-6　小榄镇的上市企业名单

中山华帝燃具股份有限公司
广东棕榈园林股份有限公司
达华智能科技股份有限公司
广东长青(集团)股份有限公司
中山新亚洲胶粘制品有限公司

小榄镇在广东省的各级政府的坚强领导下,在镇人大和社会各界的监督支持下,在全镇人民的共同努力下,着力加快转型升级,创新社会管理服务,大力提升民生福祉,经济社会发展迈上新台阶。

（2）科技创新现状

小榄镇 R&D 投入强度逐年增高,2000～2010 年期间,投入强度年均增长 12%。2011 年,R&D 投入强度较上年上升 12.5%,达到 2.25%,R&D 人员的全时当量(人年)也由 2010 的 2744.1 增长到 2836.8。2011 年,小榄镇成功申报市级以上科技计划 96 个,帮助企业获取产业及科技扶持资金 6606 万元。

2005～2011 年,小榄镇高新技术产品的企业数量、产品数量和产值均快速增长。具体而言,获得高新技术产品企业的数量由 38 家增至 79 家;高新技术产品数量由 39 个增为 228 个;高新技术产品产值占 GDP 的比重由 50% 增至 85%(见图 5 –3)。在最新公布的高新技术企业的认定结果中,小榄镇 20 家企业(见表 5 –7)榜上有名,占全市(共 241 家)的 8%,名列个专业镇前茅。

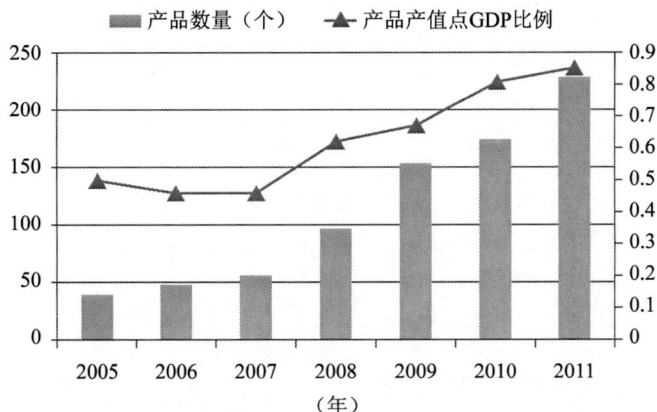

图 5 –3　小榄镇 2005～2011 年高新技术企业与产品情况

表5－7　小榄镇高新技术企业

1	中山市汉仁电子有限公司
2	皆利士多层线路版(中山)有限公司
3	中山华帝燃具股份有限公司
4	中山达华智能科技股份有限公司
5	棕榈园林股份有限公司
6	广东小飞将防盗设备有限公司
7	木林森股份有限公司
8	小田(中山)实业有限公司
9	中山市宏茂电子有限公司
10	中山市铁神锁业有限公司
11	中山市伊达科技有限公司
12	广东珠江桥生物科技股份有限公司
13	永大(中山)有限公司
14	中山市光阳电器有限公司
15	中山市欧帝尔电器照明有限公司
16	广东联众文具有限公司
17	中山市台达塑料机械有限公司
18	中山市宝悦嘉电子有限公司
19	中山市迪克力照明电器有限公司
20	中山市盈点光电科技有限公司

　　小榄镇的创新成效相当显著,主要体现在研发平台、专利与知识产权、核心技术攻克、产学研合作四个方面。

研发平台的建立为小榄镇企业的创新提供了良好的平台,为企业研发主体地位的确立奠定了良好的基础,小榄镇现已成为广东省"实施技术标准战略示范镇试点单位"。2011 年,小榄镇新增国家级企业技术中心 1 家、省级企业技术中心 1 家、省高新企业 7 家、省自主创新产品 15 个(见表 5 - 8)。目前,全镇共有省、市、镇级工程中心和技术中心 189 家,其中包括 1 家国家级企业技术中心、13 家省级技术中心、52 家市级企业技术中心;7 家省级工程技术中心、39 家市级工程技术中心。

表 5 - 8　小榄镇省级工程中心名单

工程中心名称	依托单位
广东省音响工程技术研究开发中心	美加科技(中山)有限公司
广东省燃气灶具工程技术研究开发中心	中山华帝燃具股份有限公司
广东省电子标签及智能卡封装工程技术研究开发中心	中山市达华智能科技有限公司
广东省护眼台灯工程技术研究开发中心	中山市光阳电器有限公司
广东省生态园林工程技术研究开发中心	广东棕榈园林股份有限公司
广东省 LED 室内商业照明工程技术研究开发中心	中山泰腾灯饰有限公司
广东省食品生物工程技术研究开发中心	广东珠江桥生物科技股份有限公司

进入 21 世纪以来,小榄镇的专利申请与授权数量增速明显(见图 5 - 4),共获得广东省专利优秀奖 4 项,中山市专利金奖 23 项,发明专利奖 19 项,优秀发明专利人奖 3 项。在知识产权方面,小榄镇也卓有成效,现已建立 LED 照明产业知识产权联盟,并获得了广东省知识产权局授予的"知识产权试点镇"称号。

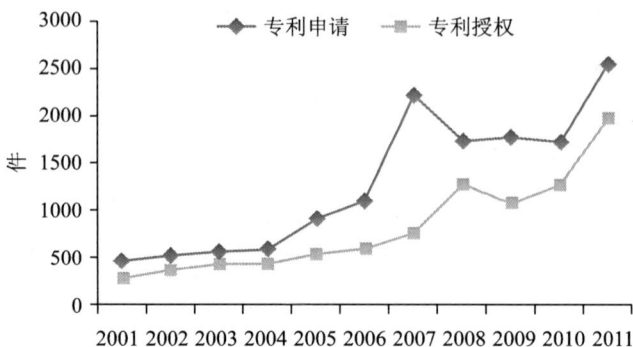

图 5-4　小榄镇 2001～2011 年专利申请与授权情况

　　同时,全镇企业研发能力不断提升,依托自身的产业优势,大力发展高端电子信息、半导体等优势产业,引导、组织和支持镇内企业积极开展技术创新,攻破了一批产业核心技术(见表 5-9)。一方面引进优秀的企业和人才来协助研发工作,另一方面消化和吸收先进技术,形成自主创新能力,研究开发了填补国内空白的新技术、新工艺、新装备和新产品。

表 5-9　小榄镇部分企业攻克的核心技术

企业名称	技术成果
中山华帝燃具股份有限公司	高效聚能灶
木林森股份有限公司	基于 Si 衬底的功率型 GaN 基 LED 制造技术
	LED 封装导热胶和铜线键合新技术
中山市鸿宝电业有限公司	单珠大功率白光 LED 路灯光源的集成封装技术
达华智能科技有限公司	RFID 标签封装的技术开发与装备产业化
	粘贴式软性基材 RFID 标签的研发
中山市高利锁业股份有限公司	指纹锁以及射频感应卡锁技术
中山市锐旗软件科技有限公司	新型农村合作医疗信息系统

小榄镇重视以产学研集聚创新资源,促进科技成果转化,2008年被授予"广东省产学研结合示范镇"。小榄镇先后与广东机械研究所、中国电科院等50多家高校建立合作,如与华南理工大学合作建立"华南理工大学小榄镇工业研究院";与广东轻工职业技术学院签订全面合作协议;与华南师范大学共同成立"华南师范大学美术学院小榄镇教学创作基地"和"华南师范大学小榄镇LED产业技术研究院"。小榄镇企业实施了100多个产学研合作项目,推动企业建立国家级重点实验室分支机构,小榄镇在未来一个时期,将努力争取建立院士工作站及"一校一镇"试点,促进技术创新能力和产品研发能力的持续提升。

二、专业镇与科技创新

专业镇由产业发展开始,带动整个镇在政治、经济、文化三方面全面发展与进步。专业镇从本质上讲是一种产业集群的组织形式,它的发展是一个不断深化的过程,由产业集聚向专业化发展,使得同类型产业在一个城镇集聚,有利于产生集聚效应,有效地降低了交易成本,促进学习和创新。

1. 有关产业集群与科技创新的理论研究

国内外的多数学者赞同产业集群有利于创新活动的持续不断发生。Freeman(1982)和Lundvall(1992)就认为,地理集中通过信息交易、知识外溢等方式来支持创新发展。Porter(1990)认为,由于集群内信息流动更通畅和创新氛围能够带来新的竞争观念和新的组合、新人和新智慧的组合,而且集群内部相互强化作用也会导致经济的创新和国际竞争力的能力。巴普提斯塔(R. Baptista)指出相对于技术创新活动的单项活动过程,当企业、大学和科研机构在地域上聚集后,创新活动就变成了一个反馈的过程,客户既能和开发人员直接进行交流,又能与研究人员进行交流,直接传达自己的需求,这就使得技术创新活动在集群内大量发生。随后,他和斯旺(Swan,1998)通过实证调查,发现处于集群内部的企业比外部孤立的企业更创新。卡佩罗(Capello,1999)通过对特定产业集群的实证分析,提出集群学习与小企业突破性产品创新之间存在显著相关关系,即产业集群有助于提升小企业的创新绩效。魏江认为,集群内的企业的"拉动效应"和"挤压效应"促进集群成员企业提高技术能力,产生创新。丁云龙等也认为,集群提供更多的创新机会、较低的企业创新成本,区域内竞争压力能够激发企业不断创新。赵涛等认为,集群可以促进知识的创新和扩散,提高知识利用的效率,实现产业和产品创新。葛朝阳等分析集群组织形式对创新过程的影响,具体表现在创新基础强化、成员间创新活动互动、创新风险降低、创新速度加快等方面。

但是也有学者对集群是否促进创新提出了异议。Venable(1996)指出产业集群面临"技术锁定"的高风险,集群内的企业由于集群带来的效应而墨守成规,不愿采用生产效率更高的新技术或者不愿意放弃与现存技术连为一体的聚集经济效益;相反地,位于边缘区域的企业,考虑到在现存技术关联的聚集外部性方面并不占优势,则更有可能采用核心区域(产业集群大的区域)不愿才用的高新技术。当边缘区域的企业纷纷采用新技术时,边缘区域的聚集经济性逐渐上升,从而最终赶超原来的核心区域,以致核心区的集群优势很可能被边缘区域取代。

2. 产业集群与科技创新的分析——小榄镇的最佳实践

小榄镇依托全国五金名镇的产业基础,近年来大力推动 LED 照明产业发展,努力打造全国有影响力的 LED 封装基地,先后被认定为广东省首家半导体照明产业"国际科技合作基地"、首家"绿色照明示范镇"、首批"广东省新光源高新技术应用基地",小榄生产力促进中心成为首家镇域"国家级示范生产力促进中心"，组建了LED产业检测、展示平台。

近年来，小榄镇逐步鼓励和支持科研机构、技术中介机构、金融机构将服务延伸到产业集群和产业链中，在集群内建设技术创新服务中心、创业服务中心、教育培训中心，帮助企业制定实施高质量标准，提高产业集聚的层次。

小榄镇始终贯彻"整合科技资源，促进技术创新"的方针，大力推进产学研相结合，鼓励和支持企业同科研院所、高等院校联合建立研究开发机构、产业技术联盟等技术创新组织。并且，小榄镇重视国际科技合作对于加强区域创新体系建设和提高科技创新能力的重要作用与日本山形大学、中国香港生产力促进局、中国台湾生产力中心等 50 多个专业服务机构建立长期合作关系（见表 5－10）。从 2005 年至今，小榄镇通过国际合作基地，完善科技服务平台与支撑体系，加快资源整合力度，实现了国际科技合作方式从"一般性的人员交流和项目合作"到"项目—基地—人才"的战略性转变，提升了本地的基础研发、技术开发和科技成果转化能力。

表 5－10　小榄镇部分国际科技合作情况

合作单位	项目名称
日本山形大学	OLED 应用开发及人才培训
香港生产力促进局	小榄镇产业升级转型之月亮工程资助计划
台湾生产力中心	小榄镇产业升级转型之重点企业转型项目

2006 年，《中共中央国务院关于实施科技规划纲要增强自主创新能力的决定》指明增强自主创新能力，关键是强化企业在技术创新中的主体地位，建立以企业为主体、市场为导向、产学研相结合的技术创新体系。企业由于受规模、资金、人才等局限，较多比较优质

的资源难以向中小微企业倾向,加上渠道不畅、鉴别能力差,企业即使有困难,也难以找到有效解决的途径,导致所获社会资源有限、企业研发能力不足,严重阻碍了企业自身的创新发展。小榄镇重视并发挥民营科技企业在自主创新、发展高新技术产业中的生力军作用。

2011 年,小榄镇共有工商企业 29872 家,企业类型以中小微企业为主,占全镇工商注册户的 90% 以上(见图 5－5)。因此,打造创新平台,建设科技服务体系意义重大。

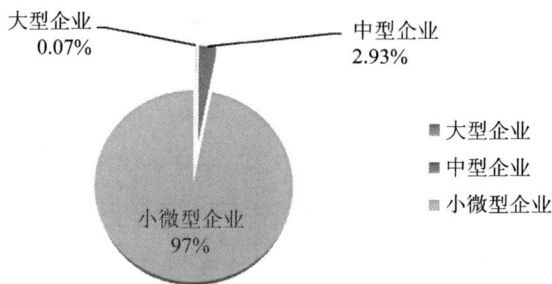

大型企业
0.07%

中型企业
2.93%

小微型企业
97%

■ 大型企业
■ 中型企业
■ 小微型企业

图 5－5　2011 年小榄镇企业类型

小榄镇采取一系列有力措施,营造良好的研发环境,使企业真正成为研究开发投入的主体、技术创新活动的主体和创新成果应用的主体。"多方投入、资源共享、协同创新"是小榄镇最为重要的经验,也是小榄镇科技创新的重要保障。"多方投入"方面,小榄镇充分发挥各方资源优势,采取"政府投入、企业投入、社会投入"多方投入机制,不断拓宽投入渠道,保障科技创新服务质量与成果;"资源共享"方面,小榄镇政府坚持"共建平台,共享资源"的观点,不断拓宽公共平台内涵与服务范围,促进科技成果转化,建立了设备共享、场地共享、信息资源共享、服务资源共享四大共享机制,营造了良好的研发与创新环境；"协同创新"方面，小榄镇有效地利用政府、商会、协会、企业、高校、研究所等机构的优势，逐步建立和完善"镇内合作，协同创新"的合作机制。

考虑到企业在自主创新与大型国有企业相较甚远，小榄镇通过集聚创新资源，搭建沟通桥梁，为企业引入先进的技术设备、设计理念、生产工艺、管理经验、销售模式等，以公共平台引导企业成为自主创新的主体，实现资源利用最大化，加快企业创新速度，降低创新成本，促进企业从"被动输血到自我造血"的转变，建立自身的自主创新体系。一方面，通过优势互补，共同组建专业化的服务机构。如联合省生产力促进中心、市科技局签署了《盛世联合科技贷款风险准备金操作细则》，加速科技资源与金融资源高效对接。另一方面，通过强大的专家库和专业服务机构库，针对小榄镇各大特色产业，引进各类专业技术顾问团队，帮助企业解决发展中的各种难题。

三、专业镇科技创新方面存在的不足

专业镇作为一种新型的创新集群模式，作用日益凸显（见图5-6），在科技创新方面取得了一系列值得肯定的成果。

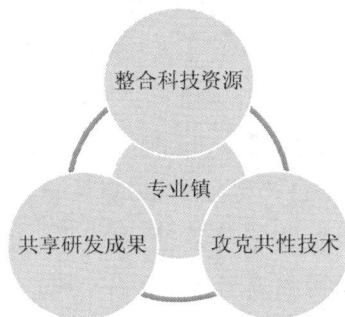

图5-6 专业镇在科技创新方面的作用

中山市委领导表示本市专业镇创新工作虽然取得了阶段性成果,仍有很大的提升空间。从长远来看,专业镇应该从"行政区经济"向"经济区经济"转变。

1.跨专业镇的资源共享机制有待形成

从理论上看,"一镇一品"模式会在一定程度上形成市场割据,并影响了资源的有效配置,使其有限的资源难以按市场机制合理配置并向不断优化的目标转变,最终影响经济的区域整合与一体化共生的进程。究其原因,综观全市,从一开始就主动融入国际产业链的纵向分工,各镇区几乎将目光全部聚集在国际市场,把各自的特色产业与国际买家联系在一起,各镇区之间很少真正认识到合作的重要性,很难确立共赢和协同的思维。

中山市的现实状况也印证了这一结论。由于镇特色产业自发性较强,且大多以行政镇(区)为单位进行布局,在缺乏全市统一的产业发展规划引导的情势下,各镇村基于拥有完全的产业发展自主权,遍地开花的工业园区规模下、产业定位趋同,难以形成中山整体的竞争优势。比如全国最具影响力的灯饰产业集群已不再是古镇镇的特色产业,其周边的横栏镇、小榄镇、板芙镇乃至江门市的外海镇等灯饰产业也逐渐兴起,规模日益扩张;小榄五金、大涌家具、沙溪服装、中山家电等也早已形成了跨镇区发展之势。随着专业镇经济的发展、产业集群规模的壮大和产业链的延伸,"一镇一品"开始向"一镇多品"、"多镇一品"演变,经济互补性不强,产业雷同现象普遍,资源浪费现象比较严重,相互邻近的镇区之间在资源上得不到有效的共享,如土地、实验设备、技术成果、人才等方面得不到很好的整合和协调。资源的限制会阻碍各个工业园区的科技创新,会进一步加剧各个镇区的发展不平衡。根据通行的自主创新能力评价指标体系(见表5–11),开发区自主创新能力综合评价值最高

(见表5－12),处于龙头地位,遥遥领先于其他镇区,科技投入量、人才资源、高新技术产品产值等数据表现的尤为突出。南头镇、小榄镇和西区位于"第二梯队",在专利、研发投入、品牌建设与管理方面接近于开发区的对应水平。对于其他镇区,科技投入和科技成果培育受到多重因素的制约(如当地开放程度以及经济总量的限制),因此必须加大开放力度,通过实施"组团战略",与周边镇区协同发展,共同提高自主创新能力。

表5－11　自主创新能力评价指标体系

一级指标	二级指标
自主创新资源投入	创新人力资源
	创新财力资源
自主创新活动	创新载体
	创新项目
自主创新环境	宏观经济环境
	市场化程度
	投、融资体系
自主创新产出能力	专利
	新产品
	名牌商标

表5－12　中山市各镇区自主创新能力综合评价值

南朗镇	0.09	东凤镇	0.20	三乡镇	0.14	坦洲	0.04
南区	0.14	东升镇	0.28	神湾镇	0.23	五桂山	0.02
三角镇	0.16	阜沙镇	0.11	开发区	0.65	港口镇	0.11
小榄镇	0.40	黄圃镇	0.12	石歧	0.18	横栏	0.10
板芙镇	0.16	民众镇	0.10	西区	0.39	沙溪镇	0.13
大涌镇	0.23	南头镇	0.41	东区	0.15	古镇镇	0.36

2. 专业镇的创新环境需优化

融资渠道、高端技术、高层次人才、法律制度是中山市专业镇的创新环境中比较薄弱的环节，这些问题也在一定程度上制约了企业的研发动力，降低了研发的效率。

专业镇产业集聚比较突出，相应的金融需求也较为集，而专业镇的企业处于镇一级的行政区域之内，所处行政层级比较低，能够得到的金融资源比较欠缺。虽然小榄镇近年来一直致力于打造区域性金融服务中心，不断创新金融模式，但是企业融资难、融资贵的问题，特别是针对中小微企业而言仍然对专业镇的创新环境造成了负面的影响。小榄村镇银行和小榄镇小额贷款担保公司的中小企业融资平台的服务对象局限性比较大，贷款的审批周期长，流程较为复杂，获批的用于科技创新的贷款额度相对较小，这些问题仍然需要进一步完善，以此来解决中小企业研发资金不足、投资风险较大、融资渠道有限且不畅通等问题。

专业镇的发展模式长期陷入"低成本战略"的路径依赖模式中，中山市专业镇的产业竞争主要在质量、价格、性能等较为低端的层次，而产品设计、技术创新、市场营销、客户管理等高端的层级比较少。企业作为创新的主体，特别是以制造业为主的中山市，更多的会将人力和物力投入成本控制、质量保证和售后服务。但是，企业高层领导对产品研发、技术研发、自主品牌建设方面关注较少，特别是对信息化建设、员工培训等方面的投入尚且不足。这也造成全国企业 50 强中珠三角企业可以占到 10 个，而全国研发能力 10 强中珠三角的企业只有 1 个。

人才被认为是创新活动的新鲜血液，任何形式的创新活动都离不开人才的支持。在知识经济和信息社会的时代背景下，市场的竞争最终将归结到人才的竞争。但是，由于专业镇当地的生活配套设施和环境不够健全，人事调动、人才认定、资金补贴、人才入户、子女入学、配偶就业等相关措施不完善，因此较难留住高端的从事研发工作的相关人才，普遍地缺乏高层次人才，如两院院士，国家"千人计划"人选，广东省领军人才，享受国务院特殊津贴专家，国家、省级科学技术进步奖一二等奖第一完成人，正高级专业技术人员和博士，对于大学本科及以上学历人员，中级及以上专业技术人员，高级工及以上技能人员，具有特殊专业技能、在我市工作满 1 年且表现优秀的人员也相对紧缺。

无论是从中山市的情况，还是对专业镇的实地调研来看，企业认为法制环境是制约企业创新的主要因素，这与中国本身处于转型时期，对企业的知识产权保护不足密切相关，这也是多数企业所面临的普遍问题。随着企业的知识产权意识逐步增强，对自主品牌和研发成果的保护诉求也逐步加深。一般的知识产权维权主要通过行政维权或者司法维权两种方式，但都存在不足：行政维权虽然时效快，但对反复侵权跨区域侵权力度不够；司法维权时间长、取证难。

四、有关中山市专业镇科技创新的政策建议

专业镇的产生和发展是一个不断创新的过程，与技术研发与制度变迁等过程相联系。同时，各个专业镇之间的联系越来越密切，空间上逐渐走向合作与分工。中山市在未来一个时期将推进专业镇的内部以及专业镇之间的产业延伸，跨区域优化资源配置，促进各种创新要素的流动，并且逐步优化创新环境。

1. 增强专业镇的引导和扶持力度

专业镇的创新离不开中山市各级政府的引导和扶持，政府应当进一步发挥规划和服务作用。首先，专业镇之间应加强跨镇的多层面的合作，最大限度地整合资源，使创新要素在专业镇的系统内自

由流动。高标准、有目标地吸引那些具备产业带动优势与有产业关联效应和有配套协作功能的项目,以促进特色产业园区聚合发展,优化集群创新能力,以此达到规模效应(见图5-7)。

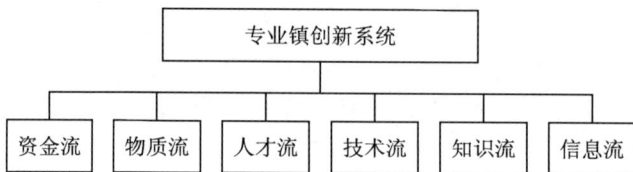

图5-7 专业镇创新系统的要素

其次,政府须进一步加大科技投入,构建并完善专业镇科技创新平台(见图5-8),以此优化专业镇的创新环境。高度重视专业镇研发协作平台,优先采购自主创新产品,利用市生产力促进中心、小榄生产力促进中心、火炬区高技术创业中心、市家电创新中心推动协同创新。在专业镇内部,大力推进中介服务平台的建立,如村镇银行、信用担保机构、会计事务所、律师事务所、人才培训机构等,并进一步突出行业协会的在规范市场行为、提供市场信息的作用,通过各种创新活动加强协会成员之间的交流,提升自主创新能力。同时,进一步推动国家重点高校、科研院所在中山建设研发机构,开展核心技术攻关,实施重大科技专项,推动科技成果转化。

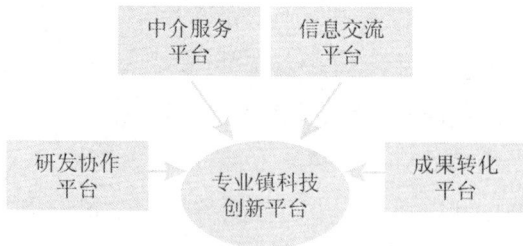

图5-8 专业镇科技创新平台的架构

专业镇还应该继续积极发挥科技产业政策引导及财政专项资金的杠杆作用，带动金融资源参与自主创新。着手组建科技金融服务中心，努力打造科技型中小企业助贷服务、创业风险投资服务和科技资本市场服务三大专业服务平台（见图5－9）。相关部门需要进一步引导在专业镇发展村镇银行、农村商业银行、小额贷款公司、融资性担保公司等地方中小金融机构，建立多层次的金融服务体系，充分利用资本市场，推动多元化的投资融资体系建设。

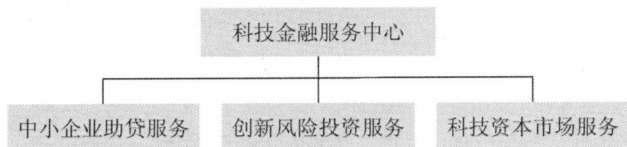

图5－9 科技金融服务中心架构

最后，专业镇要把吸引和留住人才作为自主创新的重要任务，各个专业镇应该建立人才引进、任用和培训体系，有针对性地挑选一批企业家到国外大学培训，帮助其掌握前沿技术，提升综合素质，确保相应的人才支持和技术支撑。

2.提高企业的创新意识和创新能力

为了促进专业镇的产业升级与转型，提升科技创新能力，需要加快建立以政府为主导，以企业为主体，市场为导向，产学研相结合的创新体系（见图5－10）。

首先，专业镇内的企业要利用专业镇的产业集群优势，发挥龙头企业的核心带动作用。以跨国公司为代表的大企业大集团和现代产业集群是当今世界工业经济发展的两大主导产业组织形态，专业镇内的企业应该向镇内外各大龙头企业学习，批判性地继承和模仿，力争将骨干大型企业研发高地的作用发挥得淋漓尽致，使自身

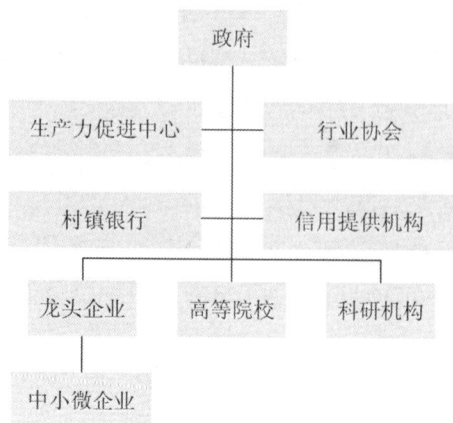

图 5－10　专业镇的创新体系

成为"学习型组织"。并且,企业需要加快技术研发和产品研发的进程,在政府的领导下,积极参与实施国家、省、市级的创新工程,并积极开展产学研项目,提升创新能力。

同时,专业镇内的企业应该结合专业镇的特色产业,对企业的自我创新进行合理的战略规划。以市场为导向,利用行业协会等中介组织,充分地获取考虑市场需求,了解行业动态,并以此作为技术研发的基础信息。面向市场自主创新是企业良性发展、做大做强的内生动力,也是提升地区产业竞争力的核心力量。

企业内部还要注重企业文化的形成,通过创新型的管理,增强企业整体的创新意识。企业之间要不断加强合作创新。企业之间的交流不仅仅发生在企业高层管理人员之间,更要关注企业技术研发人员的沟通。

参考文献

陈海波,李建民,赵喜仓(2003):江苏省 R&D 活动中政府作用分析[J].江苏大学学报(社会科学版),(3):115 – 122.

陈利华,杨宏进(2005):我国科技投入的技术进步效应——基于 30 个省市跨省数据的实证分析[J].科学学与科学技术管理,(7):55 – 59.

陈义华,董玉成(2003):东西部科技投入与经济增长关联关系比较[J].重庆大学学报(社会科学版),(12):84 – 87.

陈昭锋(2002):发达国家政府引导科技投入的主要特点和功能研究[J].科学管理研究,(3):33 – 37.

范红忠(2007):有效需求规模假说、研发投入与国家自主创新能力[J].经济研究,(3):33 – 44.

范丽娜(2005):中国内地专利的空间分布及其影响因素分析[J].北京师范大学学报(社会科学版),(2):17 – 25.

龚六堂,谢丹阳(2004):我国省份之间的要素流动和边际生产率的差异分析[J].经济研究,(1):45 – 53.

江静(2006):中国省际 R&D 强度差异的决定与比较[J].南京大学学报(社会科学版),(3):13 – 25.

吕忠伟,李峻浩(2008):R&D 空间溢出对区域经济增长的作用研究[J].统计研究,(3):27 – 34.

江蕾,安慧霞,朱华(2007):中国科技投入对经济增长贡献率的实际测度:1953 - 2005[J].自然辩证法通讯,(5):50 - 56.

李新春(2002).企业家协调与企业集群——对珠江三角洲专业镇企业集群化成长的分析.南开管理评论,(3):49 - 55.

李志刚等(2006):我国创新产出的空间分布特征研究——基于省际专利统计数据的空间计量分析[J].科学学与科学技术管理,(8):64 - 71.

罗佳明,王卫红(2004):中国科技投入对经济增长的贡献率研究:1953 - 2001 [J].自然辩证法研究,(2):81 - 86.

马宪民,陶练敏(2006):广东专业镇:中小企业集群的技术创新与生态化.北京:人民出版社.

欧阳俊,张岳恒(2009):广东专业镇发展的现状及与国内外比较研究.科技管理研究,29(8):193 - 195.

覃成林(2002):区域 R&D 产业发展差异分析[J].中国软科学,(7):95 - 97.

单红梅,李芸(2006):1991 - 2003 年间中国科技投入经济效果的实证分析[J].系统工程,(9):88 - 92.

丘海雄,徐建牛(2004):产业集群技术创新中的地方政府行为.管理世界,(10):36 - 46.

任寿根(2004):新兴产业集群与制度分割——以上海外高桥保税区新兴产业集群为例.管理世界,(2):56 - 62.

师萍,许治、张炳南(2007):政府公共 R&D 对企业的 R&D 的效应分析[J].中国科技论坛,(4):24 - 28.

苏棍芳,胡日东、衣长军(2006):中国经济增长与科技投入的关系——基于协整与 VAR 模型的实证分析[J].科技管理研究,(9):26 - 29.

童光荣,高杰(2004):中国政府 R&D 支出对企业 R&D 支出诱导效应及其时滞效应分析[J].中国科技论坛,(4):97 – 99.

涂山峰,曹休宁(2005):基于产业集群的区域品牌与区域经济增长.中国软科学,(12):111 – 115.

王珺(2005):衍生型集群:珠江三角洲西岸地区产业集群生成机制研究.管理世界,(8):80 – 86.

王小鲁,樊纲(2000):中国经济增长的可持续性——跨世纪的回顾与展望[M].北京:经济科学出版社.

王娅莉,陈雷(2003):政府对企业 R&D 资助的方式及利弊分析[J].科技进步与对策,(2):15 – 17.

王延中(2001):装备工业技术进步与产业结构升级[J].改革,(1):82 – 93.

吴利学,魏后凯,刘长会(2009):中国产业集群发展现状及特征[J].经济研究参考,(15):2 – 15.

吴延兵(2008a):自主研发、技术引进与生产率[J].经济研究,(8):51 – 64.

吴延兵(2008b):中国工业 R&D 产出弹性测算(1993 – 2002)[J].经济学(季刊),(3):869 – 890.

吴延兵(2006):R&D 存量、知识函数与生产效率[J].经济学(季刊),(4):1129 – 1156.

吴瑛,杨宏进(2006):基于 R&D 存量的高技术产业科技资源配置效率 DEA 度量模型[J].科学学与科学技术管理,(9):28 – 32.

杨鹏(2007):我国区域 R&D 知识存量的经济计量研究[J].科学学研究,(3):461 – 466.

杨勇(2011).利用产业生态方法推进广东专业镇转型升级的若干思考.科技管理研究,31(17):112 – 115.

姚洋,章奇(2001):中国工业企业技术效益分析[J].经济研究,(10):32 – 39.

张杰,刘志彪,郑江淮(2007):产业链定位,分工与集聚如何影响企业创新. 中国工业经济,(7): 47 – 55.

赵付民,苏盛安,邹珊刚(2006):我国政府科技投入对大中型工业企业 R&D 投入的影响分析[J]. 研究与发展管理,(2):78 – 84.

赵海娟,程红莉(2007): R&D 活动在东、中、西部的差异性分析[J]. 统计与决策,(3):103 – 104.

赵喜仓,陈海波(2003): 我国 R&D 状况的区域比较分析[J]. 统计研究,(3):38 – 42.

赵志坚(2008): 我国科技投入对 GDP 拉动效应的实证分析[J]. 经济数学,(1):58 – 63.

朱平芳(1999):全社会科技经费投入与经济增长的关联研究[J]. 数量经济技术经济研究,(3):28 – 31.

朱平芳,徐伟民(2003): 政府的科技激励政策对大中型工业企业 R&D 投入及其专利产出的影响——上海市的实证研究[J]. 经济研究,(6):45 – 53.

朱春奎(2004): 财政科技投入与经济增长的动态均衡关系研究[J]. 科学学与科学技术管理,(3):29 – 33.

朱月仙,方曙(2006):我国专利申请及 R&D 经费支出情况统计分析[J]. 情报科学,(9): 1419 – 1424.

Arthurs, D. , E. Cassidy, C. H. ,Davis & D. Wolfe (2009): Indicators to Support Innovation Cluster Policy. International Journal of Technology Management, 46(3), pp:263 – 279.

Audretsch, D. B. & M. P. Feldman (1996): R&D Spillovers and the Geography of Innovation and Production. The American economic review, 86(3), pp:630 – 640.

Boskin, Michael, J. , & Lawrence J. Lan(1996):Contribution of R&D to Economic Growth in Technology, R&D, and the Economic, edited by Brucel R. Smith and Claude D. L. Bosworth, 1978, The Rate of Obsolescence of Technical Knowledge:A Note. Journal of Industrial Economics, vol. 26, pp:273 – 279.

Camichael, J. (1981):The Effectof Mission – oriented Public R&D Spending on Private Industry. Journal of Finance, vol. 36, pp: 617 – 627.

Chow G. C. (1993):Capital Formation and Economic Growth in China. Quarterly Journal of Economics, August, vol. 114,pp: 243 – 266.

Coe, David S. & Elhanan Helpman (1995): International R&D Spillovers. European Economic Review, vol. 39, pp:859 – 887.

Crepon, Bruno & Emmanuel Duguet(1997):Estimating the Innovation Function from Patent Numbers:GMM on Count Panel Data. Journal of Applied Econometrics, vol. 12, pp:243 – 263.

David, P. A. , B. H. Hall and A. A. Tool(2000): Is Public R&D a Complement or a Substitute for Private R&D? A Review of the Econometric Evidence. Research Policy. vol. 29, pp:497 – 529.

Dayasindhu, N. (2002): Embeddedness, Knowledge Transfer, Industry Clusters and Global Competitiveness: A Case Study of the Indian Software Industry. Technovation, 22(9),pp:551 – 560.

Eaton, J. , et al. (1993): International Technology Diffusion, Boston University Press.

Feser, E. J. , & E. M. Bergman(2000): National Industry Cluster Templates: A Framework for Applied Regional Cluster Analysis.

Regional Studies, 34(1), pp:1 –19.

Furman, Jeffrey L. , Michael E. Porter & Scott Stern(2002):The Determinants of National Innovative Capacity. Research Policy, vol.31, pp: 899 –933.

Goto, Akira & Kazuyuki Suzuki(1989): R&D Capital, Rate of Return on R&D Investment and Spillover of R&D in Japanese Manufacturing Industries. Review of Economics and Statistics,vol.71, pp:555 – 564.

Griliches, Z. (1980):R&D and Productivity Slowdown. American Economic Review, vol.70, Jan. , pp:343 –348.

Griliches, Z. (1986): Productivity, R&D and Basic Research at the Firm Level in the 1970s. American Economic Review, vol.76, pp: 141 –154.

Griliches, Z. (1998):R&D and Productivity, Chicago: University of Chicago Press.

Griliches, Z. , and F. Lichtenberg(1984): Inter – industry Technology Flows and Productivity Growth: A Reexamination. Review of Economics Studies, vol.86, pp:324 –329.

Griliches, Z. & Jacques Mairesse(1984):R&D and Productivity Growth: Comparing Japanese and U. S. Manufacturing Firms, In Hulten, Charles(ed.), Productivity Growth in Japan and the United States. Chicago: Chicago University Press.

Guellec, D. ,& B. V. Pottelsberghe(2001):R&D and Productivity Growth:Panel Data Analysis of 16 OECD Countries, Paris:OECD STI Working Papers.

Guellec, D. , & B. V. Pottelsberghe(2003):The Impact of Public

R&D Expenditure on Business R&D. Economics of Innovation and New Technology, vol. 12, pp:225 - 243.

Hall, Bronwyn H. & Jacques Mairesse(1995):Exploring the Relationship between R&D and Productivity in French Manufacturing Firms. Journal of Econometrics, vol. 65, pp:263 - 293.

Howe, J. D. , & D. G. McFetridge (1976):The Determinants of R&D Expenditure. Canadian Journal of Economics. vol. 9, pp:57 - 71.

Hu, Albert G. Z. , G. H. Jefferson, & Qian Jinchang(2005):R&D and Technology Transfer:Firm - Level Evidence from Chinese Industry. Review of Economics and Statistics, vol. 87, pp:780 - 786.

Jaffe, Adam B. (1988): Demand and Supply Influences in R&D Intensity and Productivity Growth. The Review of Economics and Statisties, vol. 70, pp: 431 - 437.

Levy, D. & N. Terleckyj(1983):Effects of Government R&D on Private R&D Investment and Productivity: A Macroeconomic Analysis. Bell Journal of Economics, vol. 14, pp:550 - 559.

Liyanage, S. (1995): Breeding Innovation Clusters through Collaborative Research Networks. Technovation, 15(9), pp:553 - 567.

Lichtenberg, F. R. (1984): The Relationship Between Federal Contract R&D and Company R&D. American Economic Review Papers and Proceedings, vol. 74, pp:73 - 78.

Lichtenberg, F. R. (1992):R&D Investment and International Productivity Difference. NBER Working Paper.

Meng, H. C. (2005): Innovation Cluster as the National Competitiveness Tool in the Innovation Driven Economy. International Journal of Foresight and Innovation Policy, 2(1), pp:104 - 116.

Pakes, Ariel & Mark Schankerman(1984):The Rate of Obsolescence of Knowledge, Research Gestation Lags and the Private Rate of Return to Research Resources, in Perkins, D. H. , 1998, Reforming China's Economic System. Journal of Economic Literature, vol. 26, No. 2, pp: 601 – 645.

Scherer, Frederic M. (1965):Firm Sizes, Market Structure, Opportunity and the Output of Patented Innovations. American Economic Review, vol.55(3), pp: 437 – 453.

Schmookler J. (1966): Invention and Economic Growth. Cambridge, Mass: Harvard University Press.

Solow R. M. (1956):A Contribution to the Theory of Economic Growth. Quarterly Journal of Economics. vol.70, No.1, pp. 65 – 94.

Steinle, C. & H. Schiele (2002): When do Industries Cluster? A Proposal on how to Assess an Industry's Propensity to Concentrate at a Single Region or Nation. Research policy, 31(6), pp:849 – 858.

Swan T. W. (1956): Economic Growth and Capital Accumulation. Economic Record, Vol.32, November, pp. 334 – 361.

Toivanen, O. & P. Niininen(1988): Investment R&D, Subsidies and Credit Constraints. Working Paper Massachusetts Department of Economics MIT and Helsinki School of Economics.

Verspagen B. (1997): Measuring Intersectoral Technology Spillovers:Estimates from the European and US Patent Office Databases. Economic Systems Research, Taylor and Francis Journals, vol.9(1),pp: 47 – 65.

Wallsten, S. J. (1999):Do Government – Industry R&D Programs Increase Private R&D:The Case of the Small Business Innovation Research Program. Working Paper California Stanford University, Department of Economics.

Wang, Yan & Yudong Yao(2001): Sources of China's Economic Growth, 1952 – 1999: Incorporating Human Capital Accumulation. World Bank Working Paper.

Young, Alwyn(2000): Gold into Base Metals: Productivity Growth in the People's Republic of China during the Reform Period. NBRE Working Paper.

附录1 部分计量分析结果

Dependent Variable：π

Method：Pooled EGLS (Cross-section random effects)

Sample：2006 2011

Cross-sections included：33

Total pool (balanced) observations：198

Swamy and Arora estimator of component variances

Variable	Coefficient	Std. Error	t-Statistic	Prob.
C	0.052259	0.022490	2.323692	0.0212
RD	0.475445	0.173956	2.733132	0.0069
H	0.053578	0.100253	0.534424	0.5937

Random Effects (Cross)

1—C	− 0.005814	18—C	0.039114
2—C	− 0.010547	19—C	− 0.076201
3—C	− 0.078706	20—C	0.000969
4—C	− 0.053884	21—C	− 0.055801
5—C	− 0.005387	22—C	0.093983
6—C	− 0.042150	23—C	− 0.047680
7—C	− 0.014241	24—C	− 0.043341

8—C	0.010248	25—C	0.029329
9—C	0.121547	26—C	-0.014206
10—C	-0.034483	27—C	-0.010902
11—C	0.030627	28—C	0.251417
12—C	0.039140	29—C	-0.015067
13—C	-0.036692	30—C	-0.002378
14—C	-0.018880	31—C	-0.073432
15—C	-0.016730	32—C	-0.035585
16—C	-0.022277	33—C	0.023223
17—C	0.074784		

Dependent Variable: π

Method: Pooled EGLS (Cross-section random effects)

Sample: 2006 2011

Cross – sections included: 33

Total pool (balanced) observations: 198

Swamy and Arora estimator of component variances

Variable	Coefficient	Std. Error	t – Statistic	Prob.
C	0.060630	0.016673	3.636425	0.0004
RD	0.474024	0.175075	2.707544	0.0074

Random Effects (Cross)

1—C	-0.009011	18—C	0.039499
2—C	-0.009267	19—C	-0.070119
3—C	-0.081158	20—C	0.007450
4—C	-0.058869	21—C	-0.058403

5—C	− 0. 008152	22—C	0. 092917
6—C	− 0. 044688	23—C	− 0. 047529
7—C	− 0. 013281	24—C	− 0. 046439
8—C	0. 009110	25—C	0. 024257
9—C	0. 116355	26—C	− 0. 013700
10—C	− 0. 027776	27—C	− 0. 014458
11—C	0. 035418	28—C	0. 259260
12—C	0. 044216	29—C	− 0. 018862
13—C	− 0. 041162	30—C	0. 005626
14—C	− 0. 016827	31—C	− 0. 077402
15—C	− 0. 019142	32—C	− 0. 037978
16—C	− 0. 027734	33—C	0. 020928
17—C	0. 086921		

Effects Specification

	S. D.	Rho
Cross-section random	0. 071842	0. 5268
Idiosyncratic random	0. 068096	0. 4732

Weighted Statistics

R-squared	0. 036178	Mean dependent var	0. 031561
Adjusted R-squared	0. 031261	S. D. dependent var	0. 069062
S. E. of regression	0. 067974	Sum squared resid	0. 905614
F-statistic	7. 357097	Durbin-Watson stat	1. 864719
Prob(F-statistic)	0. 007274		

Unweighted Statistics			
R-squared	0.064009	Mean dependent var	0.087456
Sum squared resid	1.872650	Durbin-Watson stat	0.901779

Effects Specification			
		S. D.	Rho
Cross-section random		0.069712	0.5117
Idiosyncratic random		0.068094	0.4883

Weighted Statistics			
R-squared	0.038046	Mean dependent var	0.032394
Adjusted R-squared	0.028180	S. D. dependent var	0.069374
S. E. of regression	0.068389	Sum squared resid	0.912034
F-statistic	3.856207	Durbin-Watson stat	1.866317
Prob(F-statistic)	0.022779		

Unweighted Statistics			
R-squared	0.081449	Mean dependent var	0.087456
Sum squared resid	1.837758	Durbin-Watson stat	0.926207

Correlated Random Effects-Hausman Test

Pool: POOL01

Test cross-section random effects

Test Summary	Chi-Sq. Statistic	Chi-Sq. d. f.	Prob.
Cross-section random	3.696219	2	0.1575

附录 2 "创新强市、转型兴市"：中山市实现科学发展的必然选择

　　未来一个时期，中山需要应对国际金融危机影响、迎接外部环境重大变化与挑战；需要加快转变经济发展方式、促进经济持续健康发展；需要深入贯彻落实《珠江三角洲地区改革发展规划纲要（2008~2020 年）》、全面推进"三个适宜"新型城市建设。在这种情况下，实施"创新强市、转型兴市"战略，实现经济发展由科技创新和转型升级的双轮驱动，是中山市实现科学发展的必然选择，是加快经济发展方式转变的战略举措。

　　从国际看，国际金融危机影响深远，世界经济格局与发展模式正在发生深刻的复杂变化，金融市场形势日趋严峻，这既会加大外向型经济发展压力，也为扩内需、调结构提供了重要契机；在国际金融危机和全球气候变化双重压力下，新一轮科技革命和产业革命正在世界范围内兴起，世界主要发达国家纷纷把发展新能源、新材料、低碳技术、绿色经济等作为新一轮产业发展的重点，抢占世界经济发展新的制高点。

　　从国情看，我国仍处于大有可为的重要战略机遇期。经济回升向好的基础逐步巩固，平稳较快增长的趋势仍将持续，工业化、信息化、城镇化、市场化、国际化不断深入，扩内需政策加快实施，区域发展战略深入推进，产业振兴规划加紧落实，新能源、物联网等战略性

新兴产业方兴未艾。这既为中山扩大居民消费、促进民间投资、稳定外贸出口提供了有利环境，也对推进经济结构战略性调整、提升对外开放水平提出了更高要求。同时，区域、城市之间竞争将更趋激烈，中山在发展中长期累积的一些矛盾和问题逐步显现，过分依赖物质资源投入和外贸出口的经济增长方式已难以为继。

从省情看，广东省正处于转变经济发展方式的关键时期，经济结构加快战略性调整，自主创新能力稳步提高，社会建设整体推进，生态环境持续改善，体制改革率先突破，开放水平全方位提升。随着珠三角《规划纲要》贯彻落实和粤港澳台地区紧密合作日益深化，广珠城际轨道建成开通，以及港珠澳大桥、中山至深圳跨珠江口通道等重大交通基础设施的规划建设，珠三角区域空间格局日趋优化。

从市情看，中山目前正处于消费结构升级、城市化加速的关键时期，同时也面临着解决深层次问题、扭转传统发展模式的严峻挑战。在经济高速增长的同时，资源环境约束日益凸现；在综合实力显著增强的同时，核心技术受制于人日益凸现；在产业结构亟待升级的同时，人才瓶颈日益凸现；在物质财富极大丰富的同时，多种社会矛盾日益凸现。

要从根本上解决面临的种种困境，中山必须增强机遇意识、忧患意识和风险意识，科学把握发展规律，正确应对形势新变化，走"创新强市、转型兴市"之路，在创新中转型，在转型中创新，实现科技创新和转型升级的双轮驱动。实施"创新强市、转型兴市"战略是中山适应国内外发展新形势的必然要求，也是中山突破自身发展障碍的必然选择。

"创新强市、转型兴市"最重要的是创新。创新包括产品创新、制度创新、科技创新、管理创新等，实现这些领域的创新，必须依靠创新改革的深入。中山应继续跟上全国创新改革的步伐，全面落实国家和省中长期科技、人才规划纲要，深入实施科教兴市和人才强市战略，提高城市创新能力，推动经济增长由主要依靠增加物质资源消耗向主要依靠科技进步、劳动力素质提高和管理创新转变。

"创新强市、转型兴市"注重的是转型振兴。经济转型要以构建现代产业体系为导向，调整优化产业结构。在充分利用中山现有制造业基础的同时，大力扶持和培育新兴战略产业，保证中山经济发展势头。在应对国际国内形势变化，努力做到产业创新的同时，必须保证传统产业的健康发展，分阶段稳步实现中山的经济转型升级，走上"创新强市、转型兴市"的道路。

坚持"创新强市、转型兴市"战略，必须坚定不移加创新、促转型，更加注重创新的质量和效益，同时着力提高发展的全面性、协调性和可持续性。为此，中山应该要明确了"创新强市、转型兴市"战略的基本要求，阐明该战略的方向和重点。

一是注重转变经济发展方式。要促进产业集群化，实现产业价值链由低端向高端延伸转变，推进先进制造业和现代服务业共同驱动经济发展，以培育新能源产业为突破口，坚持开拓国内市场与稳定国外市场相结合，坚持加大投资力度与优化投资结构相结合，加快经济发展方式的转变，实现经济增长速度与结构质量效益相统一。

二是注重产业结构调整。在产业升级中做到新旧并重、协同发展。着力调存量优增量，把改造提升传统产业与培育壮大新兴产业有机结合起来，同时加快发展第三产业，通过实施"推进一百家企业就地转型升级、支持一百家内资企业做强做大、引进一百家优质企业或项目"战略，全面推进产业结构优化升级，实现新经济增长点顶天立地，传统产业再铸辉煌。

　　三是注重科技创新。着力解决科技与经济脱节的问题,推动以企业为主体、市场为导向、产学研相结合的技术创新体系建设,促进科技资源优化配置、开放共享和高效利用。要大力实施知识产权战略,加强知识产权创造、应用和保护,进一步激发广大科技工作者和全社会的创新活力。

　　四是注重推进改革开放。做到内外并举、协调发展。既要拓展外源经济,推动外源经济本土化,增强带动力,又要做强内源经济,推动内源经济国际化,提高竞争力,打造内外源经济相得益彰的发展格局。

附录3　中山市企业 R&D 投入调查问卷

尊敬的女士/先生：

您好！

　　为了解中山市企业的 R&D 投入情况，促进经济发展，中山市科技局决定开展本市企业 R&D 投入的问卷调查。此次问卷调查活动是匿名的，不会公开您的个人资料，您提供的任何信息我们都将予以严格保密，不会对贵公司和您个人造成任何影响。请根据您所面临的实际情况如实回答，填写您认为合适的选项。感谢您的配合。

　　联系人：

　　联系电话：

　　电子信箱：

中山市科技局

2012 年 7 月

一、企业基本情况

1. 企业概况

企业名称		成立时间	
企业性质 （注册登记类型）		所属行业	

2. 高新技术企业认定情况：（限选一项）

    A. 国家级高新技术企业   B. 省级高新技术企业

    C. 地市级高新技术企业   D. 未认定

3. 贵企业生产的主导产品是：（限选一项）

    A. 对市场产品的模仿   B. 引进国外技术

    C. 集成创新产品   D. 引进、吸收、消化再创新以后产品

    E. 自己原始创新产品

4. 贵企业的主导产品名称是_____，2011 年主导产品国际市场占有率_____，主导产品国内市场占有率_____，出口额_____万元。

5. 贵企业的品牌、商标建设：

    国际著名品牌：_____项   国内知名品牌：_____项

    驰名商标：_____项   著名商标：_____项

    名牌产品：_____项

二、R&D 活动情况

6. 贵企业是否设有专门的研究开发机构？

    A. 有   B. 没有

6.1 如果有,请回答企业研发机构种类:

    A. 国家级企业技术中心　　B. 广东省级企业技术中心

    C. 中山市级企业技术中心　　D. 企业自我技术中心

    E. 实验室认可

6.2 如果没有,是否有在未来五年设立的计划:

    A. 有　　　B. 没有

7. 贵企业从事 R&D 活动的人员数占总员工数的比例:

    A. 30% 以下　　　　B. 30% ~ 50%　　　C. 50% ~ 70%

    D. 70% ~ 90%　　　E. 90% 以上

8. 在 2006 ~ 2011 年间贵企业是否向市场推出了新的或有重大改进的产品?

    A. 是　　　　B. 否

9. 截至 2012 年 6 月底贵企业是否有正在进行的研发活动?

    A. 是　　　　B. 否

10. 请您以贵企业最近一年内在研或完成的研发项目为例,回答问题(1)–(5),如果贵企业一年内没有进行上述项目,可以贵企业成立以来的一个典型项目代替。

注:如有多个项目,可选择一个您认为最成功、最具代表性的项目为例(比如,研发周期较长、人员和资金投入较多、成果显著的项目)

10.1 该项目名称:＿＿＿＿＿＿＿＿＿＿＿＿

10.2 研发周期

    A. 0.5 年(含 0.5 年)　　　B. 0.5 ~ 1 年(含 1 年)

    C. 1 ~ 2 年(含 2 年)　　　D. 2 年以上

10.3 研发投入(千元)

    A. 5 万元以下　　　　B. 6 万 ~ 20 万元

C. 21 万～50 万元　　　　　D. 51 万～100 万元

E. 100 万元以上

10.4 人员配备

A. 5 人以下　　　　　　　B. 6～10 人

C. 11～25 人　　　　　　　D. 25 人以上

10.5 成果形式

A. 产品原型　　　　　　　B. 技术专利或版权

C. 非专利技术　　　　　　D. 学术论文

E. 其他(请注明)_____

11. 在 2006～2012 年 6 月间贵企业是否有中止的研发活动?

A. 是　　　　B. 否

11.1 如果有,中止的时间:

A. 在活动或项目开始之前

B 在活动或项目开始之后

11.2 中止的原因:(最多选两项)

A. 技术不成熟

B. 新的技术与企业生产水平不匹配

C. 出现了新的、更好的技术或产品

D. 缺乏技术人员或技术人员流失

E. 工程化阶段缺乏资金

F. 市场需求发生变化

G. 受到仿制或进口产品的冲击

H. 受政策、法规限制,如限价、环境保护法规等

12. 贵企业近六年来研发投入的主要方向:(最多选三项)

A. 新技术开发　　B. 新产品开发　　C. 技术改造

D. 技术购买　　　E. 仪器设备购买　F. 科研人员培训

G. 管理人员培训　　　H. 其他(请注明)_____

13. 在 2006～2011 年间企业在保护知识产权方面采取了以下
何种措施:(限选一项)

A. 申请了专利　　　　　B. 注册了商标

C. 申请了版权登记　　　D. 形成了国家或行业技术标准

E. 对企业技术秘密进行了内部保护

14. 贵企业研发的动因是:(最多选两项)

A. 市场需求　　　　　B. 同行竞争

C. 市场出现新技术　　D. 政策激励

E. 其他(请注明)_____

15. 贵企业进行研发投入的首要经济目标是:(最多选三项)

A. 提高产品质量　　　　　　B. 开拓新市场

C. 替代正被淘汰的产品　　　D. 降低成本

E. 增加或保持市场占有率　　F. 扩展产品范围

16. 研发对企业的生存发展作用:(限选一项)

A 起了重要作用　　　B. 起了一定作用　　　C. 不起作用

17. 贵企业在 2006～2011 年间开展的研发活动的作用是:(最
多选三项)

A. 增加了产品品种的范围

B. 开拓了新的市场或扩大了市场份额

C. 提高了产品的质量

D. 提高了生产的灵活性

E. 提高了生产能力

F. 降低了人力成本

G. 节约了原材料

H. 降低了能源消耗

I. 减少了环境污染

J. 改善了工作条件,提高了安全性

18. 贵企业研发创新的主要信息来源是:(最多选三项)

A. 企业内部信息

B. 企业集团内部信息

C. 客户与消费者的需求信息

D. 来自设备原材料中间产品供应企业的信息

E. 来自本行业其他企业信息

F. 技术市场或咨询机构的信息

G. 来自行业协会的信息

H. 来自高校的信息

I. 来自研究机构的信息

J. 从政府部门获取的信息

K. 从商品交易会展览会获取的信息

L. 来自科技文献的信息

M. 来自互联网媒体的信息

19. 企业要取得研发创新成功的主要因素是:(最多选三项)

A. 有创新精神的企业家　　　　B. 充足的经费支持

C. 高素质的技术创新人才　　　D. 员工对企业的认同感

E. 企业内部的激励措施　　　　F. 有效的技术战略或计划

G. 畅通的信息渠道　　　　　　H. 可靠的创新合作伙伴

I. 优惠政策的扶持

20. 您认为阻碍企业研发的主要内部因素有哪些:(最多选三项)

A. 缺乏创新意识　　　　　　　B. 缺乏高素质技术人才队伍

C. 资金投入不足　　　　　　　D. 产权不合理

E. 缺乏明确目标　　　　F. 缺乏团队精神

G. 内部激励制度不完善

21. 您认为阻碍企业研发的主要外部因素有哪些：(最多选三项)

A. 技术市场不健全　　　　B. 政府支持不力

C. 知识产权保护不力　　　　D. 缺乏技术支持

E. 技术人员留不足　　　　F. 社会文化氛围不利

G. 市场对自我技术接受程度低

22. 您认为有些企业为什么不愿意开展研发：(最多选三项)

A. 风险太大　　　　B. 周期太长

C. 管理太难　　　　D. 国外引进见效快

E. 自我技术水平低

23. 贵企业研发的主要方式是：(限选一项)

A. 企业独立研究研发　　　　B. 与科研机构合作研发

C. 委托科研机构研发　　　　D. 与大企业合作研发

E. 与国外有关机构合作研发

F. 购买或引进现成技术成果

24. 贵企业如果与高校、科研院所开展研发合作，合作方式是：(最多选三项)

A. 直接转化科研院校的技术成果

B. 与科研院校联合进行技术开发

C. 聘请院校专家为顾问

D. 利用科研院校的仪器设备

E. 雇佣科研院校研究人员或学生在企业做兼职

F. 科研院校为企业提供各种培训

G. 其他(请说明)＿＿＿＿＿＿＿＿＿＿

25. 贵企业如果没有与高校、科研院所开展研发合作,原因是:
(最多选三项)

　　A. 科研院校技术不成熟,科研能力有限

　　B. 科研院所的研发成果与市场需求存在差距

　　C. 科研院校积极性不高

　　D. 企业与科研院校利益分配不合理

　　E. 企业在合作中主动权太小

　　F. 沟通不畅,不知道科研院校能提供哪些技术或服务

　　G. 其他(请注明)＿＿＿＿＿＿＿＿＿＿

26. 贵企业对研发人员的主要激励方式是:(最多选三项)

　　A. 股权　　　　　　　　B. 期权

　　C. 增加岗位工资　　　　D. 奖金或提成

　　E. 职位晋升　　　　　　F. 住房

　　G. 其他(请注明)＿＿＿＿＿＿＿＿＿＿

27. 您认为企业激励研发人员较有效的方式是:(最多选三项)

　　A. 股权　　　　　　　　B. 期权

　　C. 增加岗位工资　　　　D. 奖金或提成

　　E. 职位晋升　　　　　　F. 住房

　　G. 其他(请注明)＿＿＿＿＿＿＿＿＿＿

三、R&D 活动的外部环境

28. 贵企业是否组织、参与产业知识产权联盟或企业研发联
盟等:

　　A. 是→(组织的联盟名称:＿＿＿＿＿＿＿＿;参与的联盟

名称:＿＿＿＿＿＿＿＿)　　　B. 否

　　若参加,您认为产业联盟对企业创新发展:(限选一项)

A. 有重大推动作用   B. 有一定推动作用

C. 无任何推动作用   D. 不清楚

29. 为促进企业开展研发，当地政府都采取了哪些措施？
（可多选）

A. 技术开发费用计入成本

B. 技术开发费加大抵扣所得税

C. 开发区高新技术企业所得税减免

D. 企业科研相关设备加快折旧的政策

E. 免征技术转让开发的营业税

F. 金融支持

G. 政府采购

H. 知识产权保护

I. 产业政策

J. 对外经贸政策

K. 鼓励企业培养和吸引人才

L. 由企业承担政府部门的科技项目

30. 请评价政府促进研发的政策措施对企业开展研发的影响大
小。（请在相应的空格处打√）

政 策 措 施	影响较大	影响一般	影响不大
1. 技术开发费用计入成本			
2. 技术开发费加大抵扣所得税			
3. 开发区高新技术企业所得税减免			
4. 企业科研相关设备加快折旧的政策			
5. 免征技术转让开发的营业税			

政 策 措 施	影响较大	影响一般	影响不大
6. 金融支持			
7. 政府采购			
8. 知识产权保护			
9. 产业政策			
10. 对外经贸政策			
11. 鼓励企业培养和吸引人才			
12. 由企业承担政府部门的科技项目			

31. 您认为相关政策影响不大的主要原因是什么？（请从上述您认为影响不大的问题中选择相应的编号填入下面相应的空格中）

A. 不知道此政策_____

B. 此政策吸引力不强_____

C. 政策办理手续繁杂_____

D. 其他（请注明）_____

32. 您认为政府在促进企业研发上应该发挥哪些作用：（最多选三项）

A. 开展产学研合作   B. 搭建科技条件平台

C. 提供科技信息服务   D. 提供创新基金

E. 设立科技孵化器   F. 帮助引进人才

G. 提供优惠政策

33. 企业开展研发活动最希望政府做哪些工作:(最多选三项)

    A. 专项支持(贷款贴息、低息贷款、财政专项支持等)

    B. 税收减免　　　　　　　C. 政府采购支持

    D. 创造公平竞争的市场环境　E. 提高办事效率

    F. 保护知识产权　　　　　　G. 其他(请注明)_____

34. 您认为中山市现有的研发政策和环境有什么亟待改进之处?(可多选,如有多个选项,请根据其重要程度从高到低排序)

    A. 研发人才不足　　　　　　B. 政府干预较多

    C. 在招聘人才方面有很多限制　D. 知识产权保护不力

    E. 与国外交流不便　　　　　F. 生活环境较差

    G. 配套设施不足　　　　　　J. 其他(请注明_____)

    　　　　　　　　排序_____

35. 您希望政府还应在哪些方面对企业研发进行支持?(请简要回答)

    _____

    _____

    _____

    _____

    _____

    _____

    _____

    _____

四、R&D 活动的统计数据

36. 贵企业主要经济指标

年份	资产总额（万元）	销售收入（万元）	其中:新产品销售收入（万元）	利润总额（万元）	研发投入总额（万元）	年末员工人数（人）	其中:本科及以上学历（人）
2006							
2007							
2008							
2009							
2010							
2011							

37. 2011 年 R&D 活动情况明细

指标名称	计量单位	数　量
10.1 R&D 人员合计	人	
其中:留学人员	人	
按学历分:博士毕业	人	
硕士毕业	人	
本科毕业	人	
其他	人	
按工作量分:R&D 全时人员	人	
R&D 非全时人员	人	

续表

指标名称	计量单位	数　量
10.2 R&D 人员折合全时工作量	人年	
按工作性质分:研究人员	人年	
辅助人员	人年	
10.3 R&D 经费来源	千元	
其中:政府资金	千元	
减免税	千元	
企业资金	千元	
金融机构贷款	千元	
吸收风险投资	千元	
国外资金	千元	
其他资金	千元	
10.4 R&D 经费外部支出:按项目	千元	
其中:内部研究与试验发展活动经费	千元	
外部研究与试验发展活动经费	千元	
获取机器设备和软件经费支出	千元	
从企业外部获取技术经费支出	千元	
10.5 R&D 经费外部支出:按对象	千元	
其中:对国内科研机构支出	千元	
对国内高等学校支出	千元	
对国内企业支出	千元	
对境外机构支出	千元	

38. R&D 活动的其他相关情况

指　标		2006 年	2007 年	2008 年	2009 年	2010 年	2011 年	合计
（一）政府相关政策落实情况	1. 使用来自政府部门的科技活动资金(千元)							
	其中:来自中山市政府的资金（千元）							
	2. 研究开发费用加计扣除减免税（千元）							
	3. 高新技术企业减免税(千元)							
（二）技术获取和技术改造情况	1. 引进国外技术经费支出(千元)							
	2. 引进技术的消化吸收经费支出（千元）							
	3. 购买国内技术经费支出(千元)							
	4. 技术改造经费支出(千元)							

39. R&D 活动产出及相关情况

指标名称	2006 年	2007 年	2008 年	2009 年	2010 年	2011 年	自成立至今的总数
（一）自主知识产权情况							
1. 专利申请数(件)							
其中:发明专利(件)							

续表

指标名称	2006 年	2007 年	2008 年	2009 年	2010 年	2011 年	自成立至今的总数
发明专利拥有量中已被应用的发明专利所占比重(%)							
2. 有效发明专利数(件)							
其中:境外授权(件)							
3. 专利所有权转让及许可数(件)							
4. 专利所有权转让及许可收入(千元)							
5. 购买专利数(件)							
6. 购买专利支出(千元)							
7. 使用专利数量(件)							
(二)新产品开发、生产及销售情况							
1. 开发成功新产品数(个)							
其中:国家级新产品____(个)							
省级新产品____(个)							
地市级新产品____(个)							
企业新产品____(个)							
2. 新产品开发经费支出(千元)							
3. 新产品产值(千元)							

续表

指标名称	2006 年	2007 年	2008 年	2009 年	2010 年	2011 年	自成立至今的总数
4. 新产品销售收入（千元）							
其中:新产品出口额（千元）							
(三)其他情况							
1. 发表科技论文(篇)							
2. 拥有注册商标数(件)							
其中:境外注册(件)							
3. 形成国家或行业标准数(项)							